涩泽荣一
经营哲学

80 WORDS
成就
美好人生

[日] 桑原晃弥 著

杨雅虹 译

图书在版编目（CIP）数据

涩泽荣一经营哲学 /（日）桑原晃弥 著；杨雅虹 译 . — 北京：东方出版社，2024.1
ISBN 978-7-5207-3467-7

Ⅰ.①涩… Ⅱ.①桑…②杨… Ⅲ.①工业企业管理－经验－日本 Ⅳ.①F431.35

中国国家版本馆 CIP 数据核字（2023）第 088778 号

GYAKKYO WO NORIKOERU SHIBUSAWA EIICHI NO KOTOBA
Copyright © 2020 by Teruya KUWABARA
All rights reserved.
Illustrations by Masatoshi TABUCHI
First original Japanese edition published by Liberalsya, Japan.
Simplified Chinese translation rights arranged with PHP Institute, Inc.
through Hanhe International (HK) Co., Ltd

本书中文简体字版权由汉和国际（香港）有限公司代理
中文简体字版专有权属东方出版社
著作权合同登记号 图字：01-2023-2407号

涩泽荣一经营哲学
（SEZERONGYI JINGYING ZHEXUE）

作　　者：	[日]桑原晃弥
译　　者：	杨雅虹
责任编辑：	贺　方
出　　版：	东方出版社
发　　行：	人民东方出版传媒有限公司
地　　址：	北京市东城区朝阳门内大街166号
邮　　编：	100010
印　　刷：	北京文昌阁彩色印刷有限责任公司
版　　次：	2024年1月第1版
印　　次：	2024年1月第1次印刷
印　　数：	1—5000册
开　　本：	787毫米×1092毫米　1/32
印　　张：	6.25
字　　数：	105千字
书　　号：	ISBN 978-7-5207-3467-7
定　　价：	54.00元
发行电话：	（010）85924663　85924644　85924641

版权所有，违者必究
如有印装质量问题，我社负责调换，请拨打电话：（010）85924602　85924603

前言
委身天命，刻苦学习

有关涩泽荣一的话题总是源源不绝。2021年NHK播放了以涩泽荣一为主人公的大河剧《直冲青天》。计划于2024年发行的新版一万日元纸币上也将印上涩泽荣一的头像。迄今为止，涩泽荣一曾多次进入纸币人物候选人名单，但是由于涩泽荣一没有胡子，鉴于纸币防伪技术的难度等原因而未能实现。这一次被称为"日本资本主义之父"的涩泽荣一终将得以登上新版纸币。

那么涩泽荣一为何能够至今都享有如此盛誉呢？其原因就在于他能够在混乱的时代中贯彻自己的志向，保持初心。

涩泽荣一曾创立、管理过大约500家企业，除此之外更引人注目的是，他还对约600家教育机构和社会公共事业提供过援助。他还曾经为了改善日益恶化的日美关系，以高龄

前言

之身数次赴美,为民间外交倾注了心力。

涩泽荣一的这些贡献均受到世人认可,他曾两次被评选为诺贝尔和平奖候选人。像涩泽荣一这样能终其一生,在着眼世界的同时还能顾及弱小的企业家,可以说在全世界都屈指可数。

作为企业家,同时也作为社会事业家的涩泽荣一将自己比喻为他亲手创立的福冈制丝厂饲养的蚕:"蚕最初从蚕卵出生,经过四次蜕皮和休眠期后成为蚕茧,之后变成飞蛾破茧而出,并再度产卵。我的人生就像蚕一样,二十四五年间也刚好经历了四次蜕变。"

涩泽荣一1804年出生于埼玉县深谷市的一个富农之家。他从小就熟读四书五经,学习中日古典文学。他十二岁左右开始练习剑道,是一个既富有学识,又具有卓越剑道才能的少年。在他十四五岁时,被父亲要求投身农业和生意,这使他在年轻时期又展现了优秀的经商才能。

如果世界太平的话,涩泽荣一大概会按部就班地继承富农的家业,度过自己的一生。然而,随着黑船来航(1853年)和樱田门外之变(1860年)等动摇社会的事件接连发生,涩泽荣一不得不离开日本,曾经的抱负也未能实现,之后他更是在历史洪流中度过了完全出乎预料的一生。

前言

涩泽荣一最初的志向是打倒幕府，然而计划却未能实现。为了隐瞒身份，他逃离到京都，并在机缘巧合下成了本来应是敌人的一桥家的士官。在那里他的能力得到了认可。1867年1月涩泽荣一作为"德川民部大辅随员"远赴法国。同年11月9日，德川庆喜实行大政奉还，当时涩泽荣一依靠的幕府随之灭亡。

至此，涩泽荣一不仅未能坚持自己的志向，还接连遭受挫折和失算。身处时代的洪流之中，无法实现最初的抱负。如果是普通人，遇到这样接连不断的打击，恐怕会自暴自弃。但是涩泽荣一却有着他应对逆境的方法。那就是先清楚地区分这个逆境是"人为造成的逆境"还是"人力无法改变的逆境"，然后再采取不同的应对方法。

如果是自己的责任造成的逆境，那就只能反省改正。但如果是由于处于历史的转折点等让人无能为力的逆境，那么就要"委身天命，放低姿态接受到来的命运，并刻苦学习"。当大政奉还时，身处法国的涩泽荣一接触到了为欧洲带来繁荣的资本主义经济，努力学习了银行的机制和股份制公司的模式。而这些正是明治维新时的日本最需要的知识。

回国后，在经历了在静冈藩和明治政府的工作后，涩泽荣一进入实业领域，并取得了令人瞩目的成就。而当时，他最重视的就是"基于道德的经营理念","比起个人的利益,更重要的是对社会的贡献"。资本主义原本就是弱肉强食的世界,理所当然会产生各种差距。然而,涩泽荣一的目标是创建对弱者也抱有关爱之心的资本主义。

近年来,由于自然灾害或传染病等原因,众多的个人和企业面临严峻的挑战。这些正是涩泽荣一所说的"人力无法改变的逆境"。正是由于处在这样的时代,我们才更应该学习涩泽荣一的生存智慧,从中汲取面对逆境的勇气。如果本书能够成为大家在人生中面对逆境时的精神支持,本人将感到不胜荣幸。

在本书执笔和出版的过程中,我得到了自由社(出版公司)伊藤光惠女士、安田卓马先生和仲野进先生的鼎力协助,在此致以衷心的感谢。

桑原晃弥

目录

第一章　不要被一两次的挫折打败

① 人要有"人德"，企业也要有"企业道德" / 002
② 事业是否成功取决于"出发点的正确性" / 004
③ 独创需要"完备的环境" / 006
④ 经营需要具备养育孩子般的忍耐力 / 008
⑤ 事业的目的是金钱还是社会 / 010
⑥ 拒绝恶意竞争，提倡善意竞争 / 012
⑦ 让员工安心才能成就企业 / 014
⑧ 不要被一两次的挫折打败 / 016
⑨ 事业的成功取决于"合适的人才" / 018
⑩ "自己的物品"和"他人的物品" / 020
⑪ 不要在顺境中迷失，要穿越顺境 / 022
⑫ 只有大家都能获利才是好生意 / 024
⑬ 先向下扎根，而后等待花开 / 026

目录

第二章 "工作的疲惫"通过其他工作治愈

- ⑭ "工作的疲惫"通过其他工作治愈 / 030
- ⑮ 不要轻视语言的力量,但要说真心话 / 032
- ⑯ 知人善任并非为了自己,而是为了社会 / 034
- ⑰ 用心倾听别人的话 / 036
- ⑱ 在一段时间内只专注做一件事 / 038
- ⑲ 谨记写下的文字 / 040
- ⑳ 小事未必是小事 / 042
- ㉑ 每一天都是新的一天 / 044
- ㉒ 把工作变成快乐的事 / 046
- ㉓ 可以批评行为,但不可攻击人格 / 048
- ㉔ 在过程中思考应对失败的方法 / 050
- ㉕ 批评要就事论事,不可牵扯过去 / 052
- ㉖ 用自己的头脑思考应该服从还是反抗 / 054

第三章 善于挣钱也要善于花钱

- ㉗ 善于挣钱也要善于花钱 / 058
- ㉘ 资本的价值取决于使用它的人 / 060
- ㉙ 要明白还有比金钱更重要的事 / 062
- ㉚ 不要光看工作的结果,
  更要看到工作本身的价值 / 064

目录

㉛ 不要过度消费，最开始就要谨慎对待欲望 / 066
㉜ 赚钱之前先积累信用 / 068
㉝ 富豪有"为社会做贡献的义务" / 070
㉞ 富豪更应重视子女教育 / 072
㉟ 人生应该"知足、安分" / 074

第四章 与值得尊敬的人一起工作，与善良的人交朋友

㊱ 与值得尊敬的人一起工作，与善良的人交朋友 / 078
㊲ 真正的朋友也是严格的朋友 / 080
㊳ 好的组织始于良好的习惯 / 082
㊴ 要尽早养成良好习惯 / 084
㊵ 谦卑过度就会变成卑屈 / 086
㊶ 孝顺是父母教给的品德 / 088
㊷ 在能力提高的同时不断磨炼人品 / 090
㊸ 学会居安思危，平常要为突发事件做好准备 / 092
㊹ 不可以偏概全 / 094
㊺ 不可不守"晚节"，评价取决于晚年 / 096
㊻ 要有"名誉与责任相伴"的意识 / 098
㊼ 做重要决断时，要使自己置身事外 / 100
㊽ 做重大决断时要深思熟虑 / 102

目录

第五章　学习只有经过终身实践后才有价值

- ㊾ 学习只有经过终身实践后才有价值　/106
- ㊿ 成为"贤者"还是"愚者"取决于学习　/108
- 51 志向只有与言行相伴才值得信赖　/110
- 52 "会说话"不如"能做事"　/112
- 53 成功需要勇气　/114
- 54 不以恶小而为之，不以善小而不为　/116
- 55 要深思熟虑，切忌思虑过度　/118
- 56 平时就要做好迎接好运的准备　/120
- 57 学会忍耐，机会总会到来　/122

第六章　不在现实中随波逐流，坚定理想

- 58 不在现实中随波逐流，坚定理想　/126
- 59 "确立志向"不可受社会风潮左右　/128
- 60 要堂堂正正地度过人生　/130
- 61 右手《论语》，左手生意　/132
- 62 思考工作的意义和人生的意义　/134
- 63 把自己的利益放在最后　/136
- 64 哪怕剩不下金钱，也要留下事业　/138
- 65 为国家和世界奉献一生　/140
- 66 一生都要从事慈善事业　/142

第七章 不依赖他人，自己把握机会

(67) 过度依赖他人，将无法培养自信 / 146
(68) 不依赖他人，学会自己把握机会 / 148
(69) 不要抱怨，培养“吸引工作的能力” / 150
(70) 就业是学习的起跑线 / 152
(71) 避免空想，不放弃理想 / 154
(72) 要有“外表很重要”的意识 / 156
(73) 年轻人要向长辈学习经验 / 158

第八章 在逆境中等待时机，跨越逆境

(74) 身处逆境时，应专注于力所能及之事并等待时机 / 162
(75) 把逆境分成两种情况去思考 / 164
(76) 不被功名心所困 / 166
(77) 灾难的种子在“得意时”萌芽 / 168
(78) 在沉迷时停下来看看周围 / 170
(79) 时刻保持健全的危机感 / 172
(80) 比起“成功或失败”，遵守道德过一生更加重要 / 174

参考文献一览 / 176
附录 涩泽荣一箴言 / 178

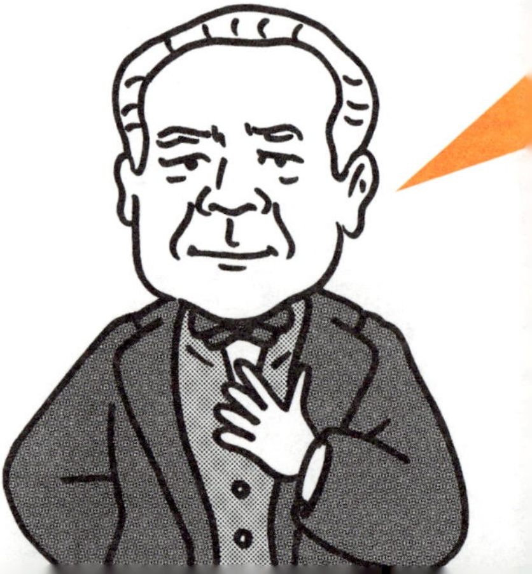

第一章 不要被一两次的挫折打败

WORDS OF EIICHI SHIBUSAWA

WORDS OF EIICHI SHIBUSAWA

01

人要有"人德",企业也要有"企业道德"

真正的经济活动,

如果不是为了社会并且基于道德的,

注定不会长久。

韩国三星集团的会长在访问丰田汽车时,曾经向当时的奥田硕会长讨教"企业能够长期维持高收益的秘诀是什么",奥田会长回答道:"公司要想发展,就必须成为能够为社会做贡献的'有企业道德感的公司'。"

就像人要具备"人德"一样,企业也要具有"企业道德"。没有"企业道德"的公司即使获得了高额收益,也有可能遭到社会的批判。而具备企业道德的公司则会受到社会的尊敬,从而得以持续成长和发展。

涩泽荣一所认为的经济活动也正是如此。当然,重视道德并不意味着在经济方面"减少利益,去除欲望"。经济活动的目的是提高利润,带来物质的丰富。但是,如果只抱有"只要自己获利就好了"的思想,就会变得不顾及他人,这样下去无论个人还是国家都会受损。

重要的是,在追求"实现物质富裕"的经济活动的同时,还要遵循"道德"行事。"只要自己获利就好了"的这种思想,往往会导致自己的利益也蒙受损失。

只有道德和欲望获得平衡,经济活动才能得以发展,个人和国家也才能真正得以富强。这就是涩泽荣一一生的信念。

WORDS OF EIICHI SHIBUSAWA

02

事业是否成功取决于"出发点的正确性"

对于所有的事业来说,
出发点都是十分重要的。
在策划事业之际,一定要慎之又慎,
充分分析是否具备四要素。

涩泽荣一一生参与了500多家企业的创办，但是他并非任何事业都会参与。他认为，在计划开展事业之前，必须仔细探讨该事业是否具备以下四个要素：

①该事业是否为目前社会所需要，且是否具有公益性。

哪怕确定是能够赢利的事业，如果不具备这一要素，涩泽荣一也绝不会参与。

②该事业是否符合时代。

哪怕是正确且有需求的事业，如果不符合时代也终将失败。

③是否有把握能够获得资本。

在"总会有办法的"这种泛泛之谈下，经营注定无法顺利进行。

④在经营者中，是否有能够担负全责且值得信赖的人物。

事业成功的关键在于"人"，这在事业前期的准备阶段也尤为重要。

涩泽荣一总是首先对这四个要素进行充分的探讨分析，他认为只有具备这四个条件，才能着手开展事业。

当然，涩泽荣一在取得事业成功之前也经历了诸多辛苦。之所以能够取得成功，正在于他确信事业的社会意义。"正确的出发点"才是事业发展的动力。

WORDS OF EIICHI SHIBUSAWA

03

独创需要"完备的环境"

要站在世界的大舞台上从事活动，
否则任何事都会变成模仿。

欧美国家曾经批判"日本人只不过是善于模仿而已"。丰田集团的创始人丰田佐吉为了反驳这一说法,立志要"仅凭日本人之力创造一大发明",从而发明了享誉世界的丰田自动织机。

正如丰田佐吉所说,明治维新之后的日本尽管一直在努力"追赶、超越"欧美,但是在"独创"这一点上的落后也是事实。涩泽荣一也担心同样的问题,他虽然竭尽全力地振兴和发展了诸多的产业和企业,但是他也承认"从技术方面来看,依然无法摆脱模仿"。

涩泽荣一认为其原因是,即使日本人的头脑和技术与欧美国家的人势均力敌,但仍然存在日本的研究机构不足、研究人员待遇"不理想"等问题。他认为日本要想从模仿中挣脱出来,在独创方面与欧美匹敌,就必须有充足的设备,使研究人员没有后顾之忧地投入研究之中。这就需要政府和大富豪们为之付出努力。这是涩泽荣一一直以来的理论。

模仿确实很轻松,但是要想引领世界,就必须有独创的技术。因此,无论是国家还是企业都应该不惜对未来的投资。

WORDS OF EIICHI SHIBUSAWA

04

经营需要具备养育孩子般的忍耐力

在从事事业的经营时,
当事人需要巨大的忍耐力。

正因为涩泽荣一参与经营了众多企业,所以他认为在经营企业时,不仅要明白"出发点非常重要",也要充分了解经营的不易。涩泽荣一将这一过程比喻为养育孩子。

很多人认为"刚出生的孩子只要不发生癫痫,不感冒,顺利长大"就好了。但现实是"无论再怎么精心抚养,孩子还是会发生腹泻、感冒的情况"。事业的经营也是如此,"哪怕认为没有任何失算的经营,从创业之初就会有各种意想不到的情况发生,产生由于不可抗力导致的损失。经营不利的情况并不少见"。

在这种情况下,经营者必须有"无论身处怎样的困境,都要具备克服困难将事业进行到底的忍耐力"。否则,就可能出现自暴自弃,将事业置之不顾的结局。

苹果公司的创始人史蒂夫·乔布斯也曾说过:"创业和做父母是一样的。作为父母,真正的快乐就是和自己的孩子共同走过人生,帮助孩子获得成长。"经营企业就像养育自己的孩子一样,只有经历了持续不断的忍耐,才能体会到真正的喜悦。

WORDS OF EIICHI SHIBUSAWA

05

事业的目的是金钱还是社会

从事事业不能仅仅是为了赚钱。

创业的目的究竟是什么呢？史蒂夫·乔布斯说："我从没见过仅以金钱为目的创办公司并取得成功的人。"他认为只有拥有"迫切希望将自己的想法实现"这种激情的人才会拼命努力。

涩泽荣一也认为，如果仅仅以"赚钱"为目的，就会产生"要多挣钱"的焦虑，从而阻碍事业的发展，对工作失去"诚实善念"，就"容易招致失败"。涩泽荣一以此来解释商业道德的重要性。

涩泽荣一十分重视计划开展的事业是否真正被社会所需要。如果能够怀有"道德之心"圆满地开展社会所需要的事业，就能为国家和社会作出贡献，最终公司也能赢利，个人的利益也能得以提高。

重要的是为了国家、为了社会、为了人类这样的"好目的"。在此基础上把"诚实善念"作为信条去经营，那么"金钱"就会随之而来。但是，如果将顺序颠倒，把"赚钱"当作第一目的，那就大错特错了。这也是涩泽荣一一直以来的信念。

WORDS OF EIICHI SHIBUSAWA **06**

拒绝恶意竞争，提倡善意竞争

竞争有善意和恶意之分。

对于像小学运动会这样会排出名次的个人比赛，大家的观点也不尽相同。既有人以"会让孩子之间有差别意识和自卑感"为理由进行反对，又有人以"速度也是个性的体现""走上社会，就无法避免竞争"为理由进行支持。

涩泽荣一认为竞争存在"善意"和"恶意"之分。无论是在学习中还是在工作中，要想拼命地做一件事，就必须有"一定要赢"的气概。如果没有这种意识，国家和个人都无法得到健全的发展，这就是"善意的竞争"。

除此之外，还有一种错误的竞争意识。例如，当看到别人成功时，就试图窃取别人的成功，或者从中阻挠他人的成功，这就是"恶意的竞争"。这种竞争不仅践踏道德，而且有可能给社会造成损失。

要想避免恶意的竞争，就要尊重对手、遵守道德准则，这样的意识是不可或缺的。

在竞争中最重要的不是单纯的"胜负"，而是发现自己的不足，学习"为取得胜利所需要的知识"。

WORDS OF EIICHI SHIBUSAWA

07

让员工安心才能成就企业

作为领导，
不仅要让员工能够安心工作，
还必须为员工构建未来发展的道路。

对于经营者来说，如何雇用员工是非常重要的。

1930年，当全日本都遭受到由于世界恐慌带来的经济不景气时，松下的创始人松下幸之助也被周围的人建议将员工减半。然而，他却对员工宣布"生产的产品卖不出去，那就将工厂的工作时间改成半天，但是工资全额支付"。

同时，他还提出请大家一起帮忙销售库存。结果仅仅两个月的时间，库存就一扫而光。工厂的生产也得以重新启动。员工们在危机时刻感受到的恩义和"有志者事竟成"的信念帮助松下转变为一个所有员工都努力为之奉献的公司。

正如这个事例所说明的一样，只有当全体员工都能得到物质方面和精神方面的安心时，企业才能得以发展。这也是涩泽荣一的思考。

裁员可以改善业绩，减少工资和退休金的支出也能在数字上产生盈利。但是这样一来，人员不稳定，业绩也不会提升。不要为了眼前的金钱造成更大的损失，而应该谋求员工的安心、放眼未来，才能使企业进一步成长。这也是涩泽荣一教给我们的智慧。

WORDS OF EIICHI SHIBUSAWA

08

不要被一两次的挫折打败

无论遭受怎样的挫折都要不懈努力，
这样的决心和真诚才是工作中重要的事。

只有在逆境时才能看出一个人的"魄力"。

1887年,涩泽荣一和高峰让吉(高峰淀粉酶的发明者)、益田孝(三井物产创始人)等人一起创办了日本第一家化学肥料制造公司——东京人造肥料会社(现在的日产化学)。这家公司生产的产品是粮食增产所必需的肥料。

然而,当时的农民对于化学肥料带有偏见,因此公司一直处于赤字状态。即使如此,涩泽荣一也想办法让事业走上了正轨。但是屋漏偏逢连夜雨,工厂发生火灾,所有的设备化为灰烬。

当时,很多股东都提出了解散公司的建议,但是涩泽荣一认为肥料对于农村振兴是必不可少的,他表示哪怕只剩下自己一个人也要将这个事业进行到底。他以此来力劝股东。

如果因为眼前的困难而放弃的话,就无法达到振兴农业的目的。"无论遭受怎样的挫折,都要不懈努力,这样的决心和真诚才是工作中重要的事"。涩泽荣一的这种信念得到了股东们的认可,公司最终得以重新开业。所以说,只有在事业不振时才能检验出经营者的能力。在面对公司"只能解散"的局面时,涩泽荣一的决断实现了化学肥料的国产化。

WORDS OF EIICHI SHIBUSAWA

09

事业的成功取决于"合适的人才"

事业成功的一半取决于领导人物。

涩泽荣一认为在创业时,探讨四个要素是非常重要的。四个要素中,较为困难的是,为事业"获得人才"。

涩泽荣一着手的大多数事业都是"日本首次"尝试。正因为是首次,因此不得不面对找不到有经验的人才的困境。要想获得事业的成功,最理想的条件是具备有丰富经验的人才。然而在当时的日本,即使想要让合适的人才做合适的工作,也会因为找不到这样的人才而一筹莫展。

开展事业并不是只要有钱就行得通的,只有有了合适的人才,才有可能取得事业的成功。1873 年,涩泽荣一为了满足日本国内对于西洋纸的需求创立了抄纸公司(后来的王子制纸),并将制造业务委托给了外国人。然而,过了几个月公司还是造不出纸。

当时有人提出想去美国学习造纸技术,此人就是之后被称为"日本造纸大王"的大川平三郎。涩泽荣一派遣大川平三郎远赴美国,从工厂的普通工人做起,学习并掌握了所有的造纸技术。在其学成归国后,涩泽荣一将造纸事业全盘交给大川平三郎,终于使事业走上了正轨。因此,涩泽荣一认为决定事业成功的关键在于领导人物如何。

WORDS OF EIICHI SHIBUSAWA

10

"自己的物品"和"他人的物品"

公务人员往往容易缺乏把他人物品当作自己物品认真对待的责任心，
但是把他人物品当作自己物品的意识过强，又担心其丧失公仆的精神。

作为内阁官房副长官,从昭和时期到平成时期辅佐过七任首相的石原信雄对新人公务员说过:"公务员是国民的公仆。"

公务员中不乏具有精英意识的人。拥有"被选拔出来的自豪和自信"是很重要的,但更重要的是要具备对国民的服务精神,这是石原信雄对新人的忠告。

涩泽荣一进入实业界后首先创办的就是"第一国立银行"(现在的瑞穗银行)。他在77岁辞任该银行董事长之职时,要求银行员工要有作为"为他人保管金钱"的公仆的伦理观,另一方面也要有"所有的财产就像自己的财产一样重要"的观念,要"十分慎重地对待他人的财产并为之付出最大的努力"。

银行的工作是利用普通人的存款开展业务,因此"自己是社会的公仆"的意识必不可少。但是,如果"这是别人的金钱"的意识过强,"像自己的物品一样去妥善对待的责任心"就会变得淡薄。尽管是"他人的物品",但是要像对待"自己的物品"一样带有强烈的责任感从事业务,这是涩泽荣一所期望的。

WORDS OF EIICHI SHIBUSAWA

11

不要在顺境中迷失，要穿越顺境

所有的事业都要在经济景气时，
努力加固基础。
趁着经济景气，
只顾讨股东欢心的行为必须慎重。

无论是个人还是企业，都会遇到经济景气和命运的波澜，这种时候如何思考和行动，将会在很大程度上影响将来的发展。

企业在景气时，人们容易"骄傲自满，逞一时之快，缺乏深谋远虑"。涩泽荣一认为在"得意之时"学会如何经营才是最重要的。因为企业在经济景气时，无论做什么都很顺利，就容易扩大事业，增加分红以寻求股东的欢心。但是涩泽荣一认为这种行为并不可取。在经济景气时，应该增加引进新设备等加固企业基础的资金投入，这样才能使得企业持续发展。

将涩泽荣一的这一劝诫付诸实践的正是丰田公司。被称为丰田中兴鼻祖的石田退三时刻铭记要"穿越顺境"的劝诫。在陷入经济不景气的困境时，任何经营者都会努力工作，而在经济景气时，就很容易得意忘形。

石田退三在经济景气时总是十分谨慎，从来不随意增加人手，减少浪费的同时致力于精进改善。这样的举措为丰田带来了被称为"丰田银行"的庞大留存利润，使丰田构建了能够应对经济不景气的强有力的财务体制。

在乘上经济景气的东风时，唯有不忘"穿越"顺境，企业和个人才能变得更加坚强。

WORDS OF EIICHI SHIBUSAWA

12

只有大家都能获利才是好生意

在生意上使用"和平的战争"或"商战"等词是大错特错的。
生意场是让买卖双方都能收获利益和喜悦的场所。

在近江商人中流传着"三方获利"的经营哲学。伊藤忠商事的创始人、初代伊藤忠兵卫怀着对近江商人前辈的敬意这样说道:"在生意上,卖方和买方都能满意往往是理所当然的,但只有同时对社会也有贡献的生意才是好生意",所谓"卖方好、买方好、社会好"的生意经可以说是至今未变的生意的原点。

涩泽荣一就是一个在生意中比起私利更重视公共利益的人。他坚持把为了社会和为了国家的思想谨记于心。他常常对明治时期的商人提出道德方面的忠告。他明确地说在生意上使用"和平的战争"或者"商战"等词是大错特错的。

战争是有胜负之分的,有胜利者就会有失败者。胜利者获得利益,失败者蒙受损失。因此涩泽荣一认为生意绝不能成为战争,生意必须让"买卖双方都能获得利益和喜悦"。

对于从政界投身实业界、创办了五百多家企业的涩泽荣一来说,所谓事业并非只要经营者获利就好,只有让顾客喜悦,同时为社会和国家作出贡献,才能称得上有益的事业。

WORDS OF EIICHI SHIBUSAWA

13

先向下扎根，而后等待花开

若要采摘更多的叶子，

就必须使树枝繁茂；

若要树枝繁茂，

就必须培养树根。

史蒂夫·乔布斯在30岁时离开了亲手创立的苹果公司，他在之后的创业中，又创立了同样从事计算机制造的NeXT软件公司。然而，NeXT软件公司并没有作出令人期待的商业成果。当时的乔布斯在接受采访时被记者讥讽道"难道不是由于员工太多了吗"。乔布斯把公司比喻成一棵巨大的橡树，反驳道："大树通常拥有同样巨大的树根，我只是在培养树根。"

不久之后重返苹果公司的乔布斯带领着他在NeXT时培养的员工，让苹果公司成长为时价总额第一的企业。在困境中常常有一句话支撑着我们："在不开花的寒冷日子里，不断向下扎根，不久就会开出巨大的花朵。"若要取得巨大的成果，就必须在事前培养树根，繁育枝叶。

涩泽荣一一生创立了五百多家企业，其中大多数企业在创立之初都困难重重，也曾多次遇到过绝境。即使如此，涩泽荣一也坚持将这些企业培养成了坚韧不拔、根基牢固的企业。

正是由于经历过耐心培育根基的时代，才有了今天的日本。

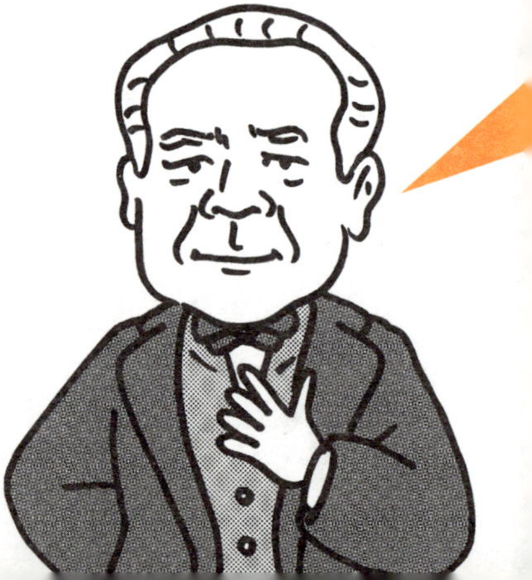

第二章 ——「工作的疲惫」通过其他工作治愈

WORDS OF
EIICHI SHIBUSAWA

WORDS OF EIICHI SHIBUSAWA 14

"工作的疲惫"通过其他工作治愈

当遇到困难或有所担心时,
如果能通过工作来转换心情、放松精神,
会更加有益。

涩泽荣一认为："欲成大事必须身心强健。"他曾说过，"健全的精神存在于强健的体魄中"，日常要十分重视健康。对此，涩泽荣一提出了两个观点。

其一是"有时要放宽心"。知足而安分，不要无谓地担心。

其二是"转换心情"。当发生令人在意或担心的事情时，如果没有找到解决的办法，人们常常会时刻担忧，这对身心都是有害的。涩泽荣一认为在这种时候要"思考一些与之无关的其他工作"，以此来放松精神。

但是这并不是说要投向娱乐或书画古董之类的兴趣爱好之中。这些只会剥夺工作的时间，浪费金钱。因此涩泽荣一在思考完银行的问题后就会思考慈善的工作等，通过在不同领域的思考来转换心情。

据说"发明之王"爱迪生在感到疲劳的时候，就会研究其他的发明，他也因此度过了充满新鲜感和快乐的研究生涯。他一生中进行了一千多次发明。涩泽荣一也通过在不同的工作中缓解疲劳，在一生中创办了五百多家企业。

WORDS
OF
EIICHI
SHIBUSAWA

15

不要轻视语言的力量，但要说真心话

福祸皆由口舌而生。

言行既能生福也能招祸。

一言一行都不得疏忽，

必须多加注意。

有人说:"政治家的发言越来越随便了。"确实,政治家的发言是要负责任的,仅凭一句"如果让大家误会了,就道歉"是无法妥善收场的。

涩泽荣一是一个能言善辩的人,他很爱说话,只要有人请他做演讲,他从不会拒绝,从而在不知不觉中因为说得太多而被人挑刺儿。但他却从不会在意被人挑刺儿或取笑。原因是他认为:"既然说出口了,就说明心里是这么想的,绝对没有撒谎,因此也不需要放在心上。"

有些话尽管在别人看来是"虚言",但对于涩泽荣一自己而言,每一句话都是经过深思熟虑、十分确信的话。如果惧怕被批判或者担心"祸从口出"而沉默,或者在必要的时候没有说出必要的话,那么就无法传达自己的真实想法。这样一来,也就无法打动人心,带领事业走向成功。

言行既能生福,也能招祸。因此,言行皆应发自真心,一言一行都不得疏忽。

WORDS OF EIICHI SHIBUSAWA

16

知人善任并非为了自己，而是为了社会

知人善任的背后有时也会隐藏着阴谋。

领导在将部下安排在重要的岗位时，常常会说的一句话就是"知人善任"。可以说这是为了证明人事安排正当性的一句话。

涩泽荣一虽然认可知人善任的重要性，但也担心在其背后有时会潜藏着阴谋。

有些领导为了巩固自己的权力，会在自己的心腹中选拔适合的人担任重要的职位。这是为了将权力紧紧握在自己手中的霸权行为。涩泽荣一断言"这种做法非我所学"。

涩泽荣一看重的是为合适的职位选择合适的人才，而不是把人才当作构筑强大势力的工具。同时他也不会把喜欢的人才绑在身边，而是"当人才有了更合适的职位时，就让其在更合适的职位任职，从而让人才能够更好地发挥才能"。

曾经有人逼迫涩泽荣一辞任王子制纸公司社长，但是不久后涩泽荣一却不计前嫌地推荐这个人担任了大日本制糖（现在的大日本明治制糖）的社长，这就是一个大胆的人事安排。对涩泽荣一而言"知人善任"并非为了自己，而是为了社会。

WORDS OF EIICHI SHIBUSAWA

17

用心倾听别人的话

对于站在面前的人，要给予全部的诚意。

在倾听部下的谈话时，作为上司的你是否会停下手头的事认真倾听呢？在倾听孩子说话时又是如何呢？我想有很多人是一边阅读手中的资料一边听，或者一边做饭一边听的吧。

涩泽荣一在年轻时曾经努力练习过一边读书一边听别人说话，或者一边写信一边给下属安排工作。但是这并不容易做好。在大藏省任职期间，有一次涩泽荣一一边听"铁道之父"井上胜讲话，一边翻阅大藏省的规定手册。这时，井上胜突然发怒说道："你把别人当傻瓜吗？"涩泽荣一不甘心地反驳道："我们这一代人是可以把眼睛和耳朵分开使用的。"虽然反驳了回去，但他还是深深地感到这种反驳的无力。自此以后，涩泽荣一在接待他人的时候，总是集中精力专心倾听，并给出建议。

对于站在自己面前的人，无论事情大小和身份地位如何，都要以相同的姿态，满怀诚意地对待。只有这样才能让对方满意，也才能做出让自己满意的工作。这也是涩泽荣一在与他人交往时的信条。

WORDS OF EIICHI SHIBUSAWA

18

在一段时间内只专注做一件事

全身心地投入每一件事，
虽然一时只能做一件事，
但只要能够很好地完成，
就足够了。

时间面前人人平等,但是如何利用时间却因人而异。由此也会产生"有能力的人"和"没有能力的人"之分。

对于应该做的工作,可利用的时间总是不够。有些人出于无奈,只能同时着手多件工作。结果就是"所有的工作都做了一点儿,但什么也没做完"。相反,在一段时间内只集中精力做一件工作的人,虽然看上去工作进度很慢,但是由于每一个工作都踏踏实实地投入,结果就会发现竟然做成了很多工作,并且完成的质量都很高。

涩泽荣一的工作方法显然是后者。他从不根据工作大小区别对待,而是要求自己对待"每一件工作都要竭尽全力"。

重大工作自不必说,就连写信他都是全神贯注地写。集中精力"一件一件"地去做,虽然一次只能完成一件事,但比起同时做几件事却一件事都做不好这样的工作方法要好得多。经过一件件小事的积累,最终就能具备做成大事的能力。

WORDS OF EIICHI SHIBUSAWA

19

谨记写下的文字

在写一封信时，
只要持笔就务必集中精力，
切不可思考其他事情。

有人说只会在心情好时写邮件。确实，如果心情不好，就有可能会在不经意间犯错。电子邮件或信件一旦发出就无法修改。在网络上的发言也是如此，因此在书写之际需要十分细心谨慎。

涩泽荣一信奉"集中精力只做一件事"的信条。他对写信的态度也是如此。这是因为在"用嘴说"的情况下，如果说错了可以当场更正，避免让对方感到不快。但是如果"写在信纸上"的话，即使自己察觉到写错了，也无法在对方阅读后轻易更改。

因此，涩泽荣一不会认为"只不过是一封信"而轻视信件，而是"更加注意，反复确认"。在当今时代，虽然很少有人写信了，但如果是电子邮件或SNS的话，应该有不少人每天都会写很多。也有不少人因此受到了批判。只要写的东西会被别人看到，就应该慎之又慎，这一点十分重要。缺乏细心的邮件或SNS有时可能会造成严重后果。

WORDS OF EIICHI SHIBUSAWA

20

小事未必是小事

轻视的小事多了就会变成大事。
有时小事会成为大事的导火索，
一件小事也有可能在将来引发大问题。

在发生工伤事故时,常常会提到"海恩里希法则"。一个重大事故的背后隐藏着29个轻微事故,而在这些轻微事故背后又存在着300个异常情况,也就是所谓的隐患。

这个法则告诉我们,如果忽视这些微小的隐患,就有可能造成重大事故。而如果能够重视这些隐患、妥善解决,就有可能防患于未然。

"小事等同于大事"。涩泽荣一认为,如果认为"这是小事"从而轻视、不放在心上,就有可能积累发展为大事。小事也可能是大事的前兆。因此不应该区分"这是小事,这是大事",无论什么时候都要采取"相同的态度,相同的关心",只有这样才能把小事解决在萌芽状态,避免引发大事。

当发生问题时,要在还是小问题的阶段就预料到最坏的结果,考虑解决的对策。这也是作为领导人的心得之一。

WORDS
OF
EIICHI
SHIBUSAWA

21

每一天都是新的一天

对于任何事情,
都要有"以全新的心态
对待每一天"之心。

你会把今天当作"昨天的延续",还是当作"新一天的开始"?不同的看法,会让人的心情会随之发生很大改变。

美国亚马逊总部大厦的名字是"第一天"(DAY 1)。这个命名反映了其创始人杰夫·贝佐斯的愿望:"今天永远是第一天(DAY 1)。"

涩泽荣一说过,中国的殷商王朝开创者汤王曾在每天洗脸的洗脸盆上刻上"苟日新,日日新,又日新"。确实,每天早上醒来,如果一想到今天"又是重复昨天",就会瞬间失去干劲儿,像涩泽荣一所说的那样"精神上每况愈下"。而如果能够想着"今天也是崭新的一天",不知不觉就会产生想要挑战新事物的激情。

如果每天机械地重复地做着分派给自己的工作而不试图掌握新知识的话,或许不会出现问题,但是也无法取得进步。久而久之就会停滞不前,失去活力。

怀抱着"日日新"的信念,保持持续挑战的激情,这才是无比重要的事。

WORDS OF EIICHI SHIBUSAWA

22

把工作变成快乐的事

无论做什么工作,
都必须拥有跃跃欲试的激情。

"当在工作中感到痛苦时,应当去思考怎么做才能变轻松",这是"改善"现状的秘诀之一。在日复一日单调的工作中,人们很容易感到厌倦或痛苦。这时候与其消极地抱怨,不如积极地思考"是否有什么好办法"。在培养这种积极思考习惯的过程中,就能产生"改善"的智慧,工作也会逐渐变成开心的事。

涩泽荣一曾经说过:"无论什么工作,都必须抱有兴趣。"在工作的时候,如果只是机械地以固有的方式去做指定的工作,就会变得"因循守旧"。而如果能为工作注入自己的兴趣,能有"我想这样做这个工作""想尝试一下另一种方法""如果这么做的话,就能做得更好吧"的想法,就有可能做出有自己风格的、更富有感情的工作。

这就是涩泽荣一所说的"对工作感兴趣"的真正含义。他认为"只要勤勤恳恳、扎实地努力就能把工作做精,而一旦失去积极的心态,那么工作也就荒废了"。

把工作变成开心的事还是变成麻烦的事取决于人们是否能够从工作中找到乐趣,拿出独特的创意并持续地为之付出努力。

WORDS OF EIICHI SHIBUSAWA

23

可以批评行为，但不可攻击人格

在批评他人的过失时，
首先要谨记于心的是
不可对其带有哪怕一点点的憎恨之心。

人格攻击是在公司等社会团体中常常出现的错误之一。在会议中，不是否定发言内容，而是对发言者采取"不想被你这种人说教"的态度，进行人格攻击；或者在本应追究失败的原因时，却说出"就是因为你才会失败的"这样的话，对失败的人本身进行否定，这类情况并不少见。

遭受人格攻击的人也会因此而丧失自信，心理上遭受严重的创伤，或许还会对攻击者怀恨在心。

面对造成失败的人，重要的是让其思考"为何失败？""如何才能挽回？""如何做才能避免再次失败？"，让其从失败的教训中学习和提高。我们期待的是"憎恨失败而不恨人"的态度。涩泽荣一认为只要真心地仅仅就过失进行批评，对方就一定能够理解，从而改正过失。

在失败时提醒对方，这是毋庸置疑的。而这时如果捎带上对方的人格，那就大错特错了。让对方产生自卑感、封闭内心、产生恨意的言行，是无论对谁都绝不该做的。

WORDS OF EIICHI SHIBUSAWA

24

在过程中思考应对失败的方法

过失大致可以分为无意识的过失和有意识的过失。

失败中存在"能够原谅的失败"和"不能原谅的失败"。不能原谅的失败是指,由于轻视工作、疏于准备、缺乏注意力开展工作而引起的失败。

能够原谅的失败是指,挑战艰难的课题后未能做出符合期待的成果之类的失败。对于这类失败如果过于指责,就会让下属失去挑战的勇气。因此,与其批评下属,不如调查失败的原因,鼓励下属再次挑战。这样的做法才是值得鼓励的。

涩泽荣一把失败分为"无意识的过失"和"有意识的过失"。"无意识的过失"是指在带有诚意地工作时,由于计划失败或者对形势判断错误而导致的失败。这类失败,只要稍加提醒就够了,但是如果一开始就知道计划并不会顺利,还要从投资家手中募集资金,为了让自己获利而让公司蒙受损失的失败就是"有意识的过失"。对于这类过失,无论是为了公司的利益还是为了员工自己,都必须坚决地对其进行严厉批评。

如果仅从结果判断过失或失败,就有可能导致错误的决断。必须对失败本身及其原因进行充分了解之后,再采取不同的应对方式。这既是为了员工,也是为了公司。

WORDS OF EIICHI SHIBUSAWA

25

批评要就事论事，不可牵扯过去

批评要就事论事，

如果执着于过去的过失而不断提及，

就是愚蠢至极。

"批评"无论是对于批评者还是被批评者而言,都不是令人开心的事。

涩泽荣一虽然认为通过简单提醒就能解决的事,尽量不批评,但是有时也会为了员工的进步,而不得不对其进行批评。

批评的方式能够彰显一个人的个性。据说曾经是涩泽荣一上司的井上馨在女员工对客人做出失礼举动时,会在客人面前大肆批评该员工,甚至常常将怒气波及无辜的客户。这样做不仅不会让下属反省,还会招致反感。

涩泽荣一认为在批评别人时要注意两点:一是批评要在没有他人在场的情况下进行;二是不要牵扯过去的过失。

应该批评的是当下的过失,牵扯过去的过失只会让人受伤、产生恨意、拉大人与人之间的距离。

"批评要在当下,给予劝诫后就要释然,莫再放在心上"。这是涩泽荣一对于上司的批评方式的心得之一。

WORDS OF EIICHI SHIBUSAWA

26

用自己的头脑思考应该服从还是反抗

服从未必都是善意的，

反抗也未必都是恶意的。

现在虽然并不流行"服从"一词，但依旧有不少人认为对于上司和公司的命令要绝对服从。在涩泽荣一生活的江户末期到昭和初期，家长或者上司的话是绝对不容置疑的，反驳或者提出异议的做法也是难以想象的。

但是涩泽荣一认为虽然对于人而言"服从"是必要的，但是对于别人的话不分善恶，不辨黑白地全盘赞成，为了获取好感而讨好对方的"服从"是不值得鼓励的。不要"因为是上司说的"，就全部顺从地说"您说得对"，而是要具备独立思考的能力。

因此，偶尔的"反抗"也是可以被允许的。比如，对于不合情理的事或者不公正的事，按照"正当的道理"进行反抗并不是坏事。涩泽荣一认为有时反抗也是必要的。

在工作中，有时我们可能会接到不公平的命令。在这种时候我们要像涩泽荣一所说的那样，用自己的头脑思考"该命令是善是恶"，这是非常重要的。有时反抗也会产生积极的结果。

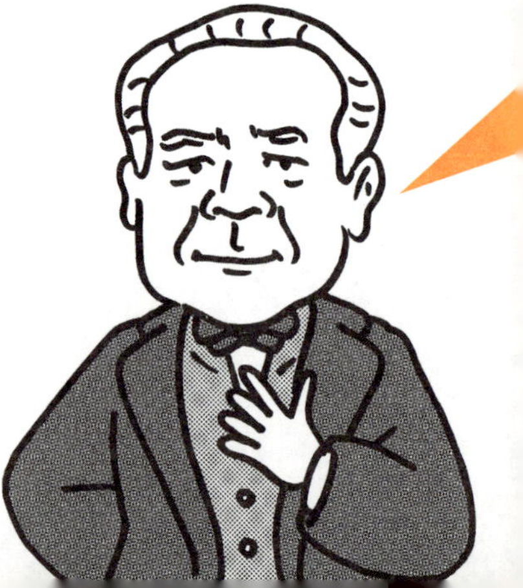

第三章　善于挣钱也要善于花钱

WORDS OF
EIICHI SHIBUSAWA

WORDS OF EIICHI SHIBUSAWA

27

善于挣钱也要善于花钱

既要重视金钱,
同时也应蔑视金钱。

"武士道精神是和经济完全背道而驰的，武士道崇尚贫穷"。这是新渡户稻造曾说过的一句话。

武士道思想认为挣钱是卑劣的，因此不难想象在明治维新以后，涩泽荣一为了活跃经济经历了怎样的艰辛。

进入明治之后，"金钱不洁"的思想逐渐淡化，但"如何使用金钱"依然是个难题。

涩泽荣一认为金钱的价值取决于"使用它的人以及如何使用它"。"被好人使用就会变成好东西，被坏人利用就会变成坏东西""既要珍惜金钱，同时也应蔑视金钱"。

涩泽荣一认为金钱本身并没有善恶之分，正因如此，人们才更应该学会"好好挣钱，也要合理地花钱"。当然，浪费金钱是愚蠢的行为，但是如果不会合理地花钱，就会变成一个守财奴。不仅要"善于挣钱"，还应该为了社会合理地使用金钱，这是涩泽荣一所期盼的。

WORDS OF EIICHI SHIBUSAWA

28

资本的价值取决于使用它的人

资本不是万能的,人才更加重要。

资本的价值取决于能够活用它的人。

在创业之初或者在进行研究开发之际,首先要面对的就是资金问题。如果没有资金,无论事业,还是研究开发都无法进行。对于国家来说也一样,只有国家的财政富裕了,才有可能为国民实施各种政策。

涩泽荣一正是为了募集资金而创办了银行。他坚定地认为尽管"资本的重要性无须多言",但是"资本并不是万能的,更重要是的人"。

拥有巨大财富的富豪只有学会合理地将金钱用于合理的事情,其资产才能发挥作用,创造价值。但是,如果把金钱用于自我享乐或花费在无用之处,那么这些资金就无法产生价值,有时甚至还会危害社会。

本田的创始人本田宗一郎也曾说过:"如果没有正确的金钱观,那么即使抱着钱袋子,也赶不上时代的列车,终将成为失败者。"

金钱并不能创造出想法。只有培养人才,由人才产生新的想法,社会才能变得更加富裕。

WORDS OF EIICHI SHIBUSAWA

29

要明白还有比金钱更重要的事

愉快地工作，莫要贪恋金钱。

涩泽荣一虽然创办和管理过众多企业，但他从未想过创建"涩泽财阀"。不仅如此，为了拯救赤字企业，他甚至还会投入自己的私人财产。他创办的企业也没有变成像三井或三菱那样的财阀企业。涩泽荣一这样解释其原因：

"我的事业观是把自己的利益放在第二位，首先要考虑的是国家和社会的利益。虽然没有攒下很多钱，但是我相信与普通的实业家相比，我对国家和社会的贡献更多。"

涩泽荣一认为如果把利益放在第一位，把人的精力都放在挣钱上，虽然有可能成为大富豪，但是并没有意义。与其在无意义的事情上浪费人生，不如为了社会和国民努力工作，这样才更加能够感受到愉快和幸福。相反，如果一心只想挣钱，那么即使变成大富豪，恐怕也不能获得真正的愉快和幸福。

WORDS OF EIICHI SHIBUSAWA **30**

不要光看工作的结果，更要看到工作本身的价值

金钱是结果，而不是目标。

涩泽荣一创办和管理过众多企业。但他从未想过把这些企业联合起来构建一个"涩泽财阀",也从未试图创造巨大的财富。

涩泽荣一在少年时期经常听父亲讲起住在老家附近的一位老爷爷的故事。那位老爷爷是一个非常勤劳的人,每天从早干到晚,因此获得了相当多的财富,变成了一个有钱人。但是这个老爷爷并没有奢侈浪费,依然每天勤勤恳恳地工作。虽然有人劝他要及时享乐,但是老爷爷却拒绝了,他说:"金银财宝是随着工作产生的残留物(*如同造酒时残留下的酒糟*)。"也就是说,人们不应该为了酒糟而工作。

多年之后,涩泽荣一想起老爷爷的话才恍然大悟。人们在判断成功或失败时,总是着眼于金银财宝的多寡,然而金银财宝只不过是工作后的残留物,更重要的是工作本身。

涩泽荣一认为人们应该看重的是"为社会做了什么"。而忘记了这个重点、一味地敛财是非常"可耻的"。金钱是作为结果残留下来的,而不是需要强行争取的目标。

WORDS OF EIICHI SHIBUSAWA

31

不要过度消费,最开始就要谨慎对待欲望

沉迷于奢侈浪费的人,没有高低贵贱之分。

(中略)

应当从最初开始谨慎对待欲望,

否则有可能会造成无法挽回的后果。

我曾经听一位金钱顾问这样说过:"年收入800万日元到900万日元的人很危险,他们自以为属于高收入阶层",就开始过奢侈的生活。然而一旦如此,一旦有一天收入减少,他们也很难再降低生活水平。因此而破产的人并不在少数。

涩泽荣一15岁去江户(现在的东京)时买了豪华的书箱和砚盒。但当他的父亲看到这些豪华之物时感叹道:"我养了个不肖子。"涩泽荣一十分不解父亲为何要如此严厉,他思来想去突然想到了商纣王因制作象牙筷而被大臣叹息是亡国之兆的故事。一旦开始使用高价的象牙筷,就会厌恶简陋的餐具和饭菜,就会"想要更贵重、华丽的物品"。这样欲望就会无限扩大,国家也就危险了。这正是大臣们所担心的事情。

如果拥有了豪华的书箱和砚盒,就会"想要更气派的书斋"等,欲望越来越多,就会危及家族。当时的涩泽荣一并没有马上意识到父亲的深意,但过了不久,他就深刻理解了"消费要符合自身的条件,一开始就要谨慎对待欲望"的重要性,并开始自觉执行。

从此"淡泊财富"成了涩泽荣一的信条。

WORDS OF EIICHI SHIBUSAWA 32

赚钱之前先积累信用

立于世间、希望有所作为的人，
在创造资本之前，
首先要意识到积攒信用的重要性。

现在有名的大企业，有不少在创业初期遭遇过资金方面的困难。1952年本田由于经营恶化向银行融资时，其创始人本田宗一郎和藤泽武夫接受了银行严厉的盘问，但是在调查过后，银行的负责人说道："虽然无法贷款给本田公司，但是如果是贷款给本田宗一郎和藤泽武夫的话，我们十分乐意。"最终，他们得到了银行的融资。

尽管本田这个公司并不尽如人意，但是正是两人的正直、专一、守信，才使得银行相信他们有能力创造出人们想要的产品。

一生创办过500多家企业的涩泽荣一认为，资金是有限的，与其依赖有限的资本，不如依靠无限的资本即"信用"。只有重视"信用"，才有可能使事业顺利发展，不断成长。

有信用的人，即使没有资金，也会有人看到其事业的未来。如果是正确的事业就会有人愿意出资。但是，如果是一个没有信用的人，其他公司也不会把他当回事，更不会把重要的资金投给他。

为人处世比起资金，更重要的是信用。信用也是在经历了时间的考验后得到的社会评价。

WORDS OF EIICHI SHIBUSAWA

33

富豪有"为社会做贡献的义务"

创造财富的同时,也要感恩社会。
为社会做贡献是出于道义的义务,
这一点切不可忘。

涩泽荣一曾经翻译出版了钢铁大王安德鲁·卡内基的自传。在美国有一个始于卡内基的优良传统，那就是"一代人创造的巨大财富只是'为社会保管的物品'，拥有这些财富的人有义务回馈社会"的思想。

也就是说，并非独占自己的财富，而应该为社会去使用它。只有这样，富豪才算尽到了义务。涩泽荣一也经常说"富豪并不是靠一己之力创造的财富，而是从社会中得到的财富"，因此"富豪有为社会做贡献的义务"。

但是，在涩泽荣一看来，日本的富豪不知是否因为太过保守，对社会总是"冷淡到令人苦恼"。他们的财富也许是通过自己的努力创造的。但是，人们也应该意识到能够积攒越来越多的财富，正是因为"社会帮助了自己"，所以更应该积极地率先投入社会救济或公共事业中。只有这样社会才能越来越健全，富豪的事业才能够更加繁盛，这才是正向循环。

所谓"贵族义务"就是指拥有金钱和权力的人，应该发挥与其地位财富同等的作用。地位越高、财富越多，则责任越大。

WORDS OF EIICHI SHIBUSAWA

34

富豪更应重视子女教育

富豪的孩子更应该时刻思考
自己的实力如何,
不断打磨属于自己的智慧,
以求立足于社会。

数年前,法国经济学家托马斯·皮凯蒂曾在其著作《21世纪资本论》中指出,富裕阶层和贫困阶层的差距将通过继承从而不断扩大。而涩泽荣一早在一百多年前就提出了对这一问题的看法。

涩泽荣一坚持认为,无论怎样的富豪,都不可能靠一己之力获得成功,他们正是因为得到了社会的恩惠才能获得成功、积累财富。因此,把积累的财产仅仅分配给自己的家人或亲戚等有血缘关系的人是非常不合理的事。财富只有回馈社会才有意义。

虽说如此,把积累的财富留给自己的子女,令他们一生无忧,这样的想法也是人皆有之的父母之心。因此,涩泽荣一为富豪们提出了以下建议:"即使不为子孙留下巨额财富,但只要传授给他们丰富的学识,开发他们的智慧,他们也能够具备养活自己的能力。"

涩泽荣一认为父母与其给子女留下巨额的财富,不如让他们接受良好的教育,使他们成为能够自立的人。这样他们就能够好好生活、愉快地工作。

WORDS OF EIICHI SHIBUSAWA

35

人生应该"知足、安分"

人的欲望是没有边际的。
得一则求二,得二则望三。
若被欲望驱使,则胸中不免不平不满,
终将苦其一生。

被誉为"世界第一投资家"的沃伦·巴菲特认为，当一个人拿到一亿日元的年薪时，会非常开心。但是，如果他知道同事的薪水更高的话，就会产生"我也想要更多"的欲望和嫉妒心。

涩泽荣一认为若要防止"得一求二，得二望三"这种无边无际的欲望，就要做到"知足安分"，这一点至关重要。

比如，明治、大正时期的富豪中有很多人希望能够成为像三井或三菱这样的大财阀。而如果与美国的大富豪卡内基或洛克菲勒相比的话，三井和三菱也只不过是"日本的富豪"。如果忘记了这一点，一味地追求"更多"，结果可能只会徒增烦恼。要知道无论如何都无法把全世界的财富全部收入囊中。过度追求"更多"，则"胸中不免不平不满，终将苦其一生"。

为社会做贡献的愿望越强烈越好，但是对于金钱的欲望要适度才好。与金钱相比，能够愉快地工作更加重要。这也是涩泽荣一的人生观。

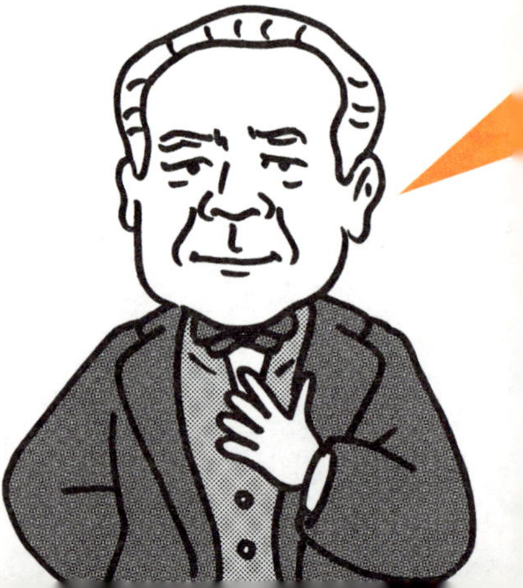

第四章 与值得尊敬的人一起工作，与善良的人交朋友

WORDS OF
EIICHI SHIBUSAWA

WORDS OF EIICHI SHIBUSAWA

36

与值得尊敬的人一起工作，与善良的人交朋友

虽同是交友，
但益友难交，损友易得。

"在判断领导者的智慧时,首先要做的是了解他身边的人",这是马基雅维利在其著作《君主论》中的言论。意思是如果身边是有能力且忠实之人,那么基本可以判断君主是明君,否则君主就有可能是一个时常犯错的昏君。

"物以类聚,人以群分"。即使是对于并非君主的普通人,通过其周围的朋友,也可以在一定程度上推察出一个人的喜好和想法。涩泽荣一也认为应该"远小人而近君子"。同时,他也深知比起获得益友,交到损友要容易得多。原因是"损友比益友更有趣"。比如,在想要饮酒享乐时,益友会劝诫自己"不如多读点书",而损友则会马上赞成,并引诱你做出更加出格的事。因此,和损友在一起时可能会觉得更有意思。

在谁的身边工作、和谁交朋友常常能够在很大程度上改变人的生活方式。因此要尽量在值得尊敬的人身边工作,与善良的人交朋友,严于律己。

WORDS
OF
EIICHI
SHIBUSAWA

37

真正的朋友也是严格的朋友

只有会对自己做出"忠言逆耳"
忠告的朋友才是真正了解自己、
为自己着想的人,
选择这样的朋友一定不会错。

人们即使明白结交益友的重要性，也未必知道应该如何选择益友。所谓的益友是什么，答案因人而异。或许有人认为总是夸奖自己的人是益友，也有人认为总是请自己吃饭的人是益友。

涩泽荣一引用《论语》中的"益者三友，损者三友。友直，友谅，友多闻，益矣。友便辟，友善柔，友便佞，损矣"，以说明交朋友时该如何辨别益友。这句话意思是，有益的朋友有三种，有害的朋友有三种。与正直的人交朋友，与诚信的人交朋友，与知识广博的人交朋友是有益的。与谄媚逢迎的人交朋友，与表面奉承、背后诽谤的人交朋友，与善于花言巧语的人交朋友是有害的。涩泽荣一借此劝诫人们在选择朋友时"应该把这些道理铭记于心"。

虽说如此，但喜欢听好话是人之本性，因此可能有人会产生夸奖自己的人就是益友的错觉。涩泽荣一认为，只有能指出自己错误的人才称得上是真正的朋友。

这正是心理学家阿尔弗雷德·阿德勒所说的"被讨厌的勇气"。虽然指出他人的缺点，有可能会让对方产生不快甚至惹怒对方。但是，如果惧怕"指出缺点会被对方讨厌"，而对朋友的错误视而不见，不能及时劝诫，就称不上是"益友"。真正的朋友正是时而严厉的朋友。

WORDS OF EIICHI SHIBUSAWA

38

好的组织始于良好的习惯

习惯并非一人之事，
也会感染他人。

正如"热情会感染他人"一样，习惯同样也能传染给别人。曾经有人在就任一家业绩低迷的企业的社长时，在会议上问道："为何这家公司的人不会打招呼问好呢？"从那之后有一位部长开始每天站在工厂的正门，对着早上来上班的员工鞠躬问候"早上好"。

即使最初并没有人回应他，他也依然每天坚持着。不知不觉中，主动向他问好的员工变多了，一个月后问好就成了一件自然而然的事。不久，员工之间的沟通也越来越好，企业的业绩也开始逐渐回升。

可见习惯并非一人之事，也具备"感染他人"的能力。涩泽荣一认为由一人开始的"好习惯"扩散到全体，就能够改变个人和企业。

所谓习惯，是在日常的行动中积累而成的。对人的内心也能给予强烈的影响。养成良好的习惯，能够让个人和企业都向着良好的方向发展。良好的组织始于良好的习惯。

WORDS OF EIICHI SHIBUSAWA **39**

要尽早养成良好习惯

人必须养成良好习惯。

人是依靠习惯行动的。因此，尽早把正确的思想和行动习惯化是非常必要的。活跃在美国建国初期的本杰明·富兰克林为了约束自己的行为，把节制、勤奋、诚恳、谦卑等品德（美德13条）当作为人处世的原则。他认为只要人们能够尽早养成良好的习惯并终身践行，就一定能够有所成就。

涩泽荣一也同样是从早期开始就有意识地培养"良好习惯"并付诸行动。他特别重视勤奋和努力，并坚持在日常生活中做一个"学习家"。

从年轻时期就是勤奋家的涩泽荣一，即使到了70岁离开了实业界，也依然坚持每天早上7点之前起床并在精力允许的范围内接待来访者。人们容易认为"休息一天也不要紧"，但涩泽荣一则认为"如果懈怠一日，就有可能懈怠一生。而懈怠绝不会带来好结果"，因此他从未有一天打破日常的习惯。

人们依靠习惯行动。如果想要有所成就，就要尽早养成"良好习惯"，并为坚守习惯而不懈努力。

WORDS
OF
EIICHI
SHIBUSAWA

40

谦卑过度就会变成卑屈

谦卑和卑屈稍有不慎就会被误解，切不可等同混淆。

谦卑的美德是指"成就他人，不出风头的行为"。但是如果谦卑过度就会变成"卑屈"。

涩泽荣一认为当时青年信奉的"谦卑者都是笨蛋"的利己主义思想风靡一时，人们为了出名而一味地自我宣传。这样的行为有损谦卑美德，应该谨慎避免。但是同时涩泽荣一也提醒大家，如果在必要的场合隐藏自己知道的事情，假装无知，就是对谦卑的错误解读，甚至属于卑屈之列，也应当避免。

无论是在当时还是现在的日本，谦卑和谦逊的文化都根深蒂固。然而，这既有好的一面，也有不利的一面。"适度的谦卑或谦逊"是尊重对方，谦虚学习的姿态，有利于个人的成长。而如果过度谦卑，在重要时刻畏首畏尾，就有可能错失重要的机会，也有可能被别人诟病为"卑屈的家伙"或者"丢人的家伙"。

平时不出风头，但是在必要的场合能够清楚地表达自己的信念、作出行动。这才是"真正的谦卑"。

WORDS OF EIICHI SHIBUSAWA

41

孝顺是父母教给的品德

父母不应该要求子女尽孝,
而应该把子女教导成孝顺的人。

涩泽荣一虽然生长在对父母尽孝是"理所当然"的时代，但他认为"孝道是父母教给子女的品德。孝顺并非子女天生就会的，而是父母教给子女的"。

涩泽荣一出生在农民之家，十几岁时他决定成为武士，并在 23 岁时为了自己的国家而远走他乡。对于这样的涩泽荣一，他的父亲说道："虽然我希望一直把你留在身边，按照我的指示行事，但这样反而会让你变成一个不肖的人。因此，今后我将给你自由，让你按照自己的想法生活。"

如果当时涩泽荣一的父亲将他强行留在身边，恐怕他会反抗父母，擅自离家出走，反而成为一个不肖的人。正是由于父亲如此将他送出家门，他才能按照自己的意愿行事，并在之后为日本做出了巨大的贡献。

对于父母来说，这才是极致的孝顺。之后成为父亲的涩泽荣一从未要求孩子对自己言听计从，也从不会因为孩子没有按照自己的意愿行事而认为他们是不肖的孩子。

WORDS OF EIICHI SHIBUSAWA

42

在能力提高的同时不断磨炼人品

仅凭才能和力量并不能让别人永远信服。
只有具备坚韧之心且富有同情心的人
才能得到永久的怀念和尊敬。

被誉为"全垒打之王"的王贞治一直以来都受到众多棒球运行员的尊敬。这不仅与他卓越的成就有关,更缘于他在做职业运动员期间超乎常人的不懈努力和对棒球持久且强烈的热爱。

在第一届WBC(世界棒球经典赛)时,铃木一郎正是出于对王贞治发自内心的敬佩,所以希望他"从全球之王的运动员变成全球之王的教练",进而促成了王贞治作为教练的首次胜利。铃木一郎如此评价王贞治:"王贞治不仅是一位非常厉害的运动员,而且具有十分出色的人品,正是因为这样才成就了他特殊的地位。"

一个人不会仅仅因为他的财富和权力而受到别人的尊敬。涩泽荣一认为仅凭才能和力量得到的尊敬并不会长久,只有同时具有对别人不幸的悲悯之心和为他人着想的利他之心,才有可能成为被人长久尊敬的人。

在企业中能够崭露头角的人几乎都拥有丰富的知识和经验,并且取得了较好的业绩。但是只有能够同时拥有优秀的人品,才有可能成为真正的领导者,获得下属的尊敬。

WORDS OF EIICHI SHIBUSAWA

43

学会居安思危,平常要为突发事件做好准备

若要做到处变不惊,
就必须提前积累能够处理危机的能力。

人们在发生问题时常常会区分"这是预料之内的"或者"这是预料之外的"。

若要做到沉着冷静地应对预料之外即"意想不到"的问题，就必须在预料之内即"能够想到"的范围内做好万全的准备。这是担任第一次南极越冬队队长的西堀荣三郎的名言。

在挑战从未做过的事情时总会伴随着风险，意想不到的事情也会接连发生。西堀荣三郎认为只要在日常工作中把"能够想到"的问题处理好，做好充分的准备，那么在发生"意料之外的问题"时，尽管会吃惊，但也能够沉着地应对。

涩泽荣一也曾多次挑战在日本从未有过的工作，因此他也经历了很多预想不到的突发事件。在面临突发事件时，如果因为"这是首次尝试"而慌张，只会让问题越来越大。"若要做到处变不惊，就必须提前积累能够处理危机的修养"。这是涩泽荣一在克服困难时的心得。

平时是否把能做的事情做到最好关系着对突发问题的应对能力。

WORDS OF EIICHI SHIBUSAWA **44**

不可以偏概全

人们有把局部的不如意放大到整体的倾向。

很多人会说:"最近的年轻人真差劲",凭借一点印象就对全体下定论。然而发表这种言论的人又认识几个年轻人呢?恐怕都是把在电视或网络上看到有关年轻人的新闻不加思考、囫囵吞枣式地接受了吧。

我们常会用自己看到的一小部分去评估整体的印象。涩泽荣一在日美关系和中日关系不断恶化的时代致力于"民间外交",为消除彼此之间的憎恶和蔑视而殚精竭虑。

涩泽荣一认为,如果仅仅看到对方不好的一面,那么对于对方的印象就会越来越差。而如果国民之间能够通过各种机会加强理解,那么不好的印象就能够得到改善。

年过七旬的涩泽荣一在赴美之时,做好了"必死的"决心。但是正是由于这种对于人与人之间的相互交流理解的重视,涩泽荣一才能为了改善国家之间关系而不懈地努力。

恐怕没有比"以偏概全"更令人担忧的事了。

WORDS OF EIICHI SHIBUSAWA

45

不可不守"晚节",评价取决于晚年

晚年决定着人一生的价值。
即使是年轻时有缺点的人,
只要能够善终,
其价值就能得以提升。

虽然很难绝对地说人的一生中哪个时期更重要,哪个时期不重要,但是涩泽荣一却说:"我认为晚年至关重要。"

在涩泽荣一的书中也曾出现过约翰·洛克菲勒的故事。他从一个周薪5美元的店员起家,开创了垄断美国93%石油市场的大企业,并创造了美国史上最大规模的财富。

他的人生可以分为两个阶段。前半生曾被称为"破产家""落魄贵族",之后又创造了巨额的财富;而后半生则致力于创办大学、设立研究机构,不惜财富地倾注其中。约翰·洛克菲勒曾大肆攫取更多财富,但在这种压力之下,他得了一种濒临致死的疾病,但这却成为他人生发生转变的重要原因。得病后的洛克菲勒开始不断做慈善,一改社会对他的差评,最后在人们的感谢声中活到了98岁高龄。

有些人虽然创造了一代大企业,但却在晚年成为满是恶评的独裁经营者,甚至危及企业,晚节不保。也有人像本田的创始人本田宗一郎一样,凭借坚守到晚年的美德至今受人尊敬。

或许晚年才能决定一个人价值。

WORDS OF EIICHI SHIBUSAWA

46

要有"名誉与责任相伴"的意识

若不能尽职尽责，

则名誉有可能化为污名，

尊敬也有可能成为被人轻蔑的源头。

说到成功的证明，很多人会想到"金钱"、"地位"和"名誉"。获得了金钱和地位的人通常最后追求的就是名誉。

一位在自行车竞赛中多次获得金牌的运动员在被问到"为何要参加没有奖金的奥运会比赛"时回答道："我并非为了金钱，而是希望获得名誉。"从古至今像这样追求"名誉"的人不在少数。

涩泽荣一在其一生中既得到了地位又获得了名誉，但是他时刻谨记"名誉总是伴随着责任"。他说："在从社会中得到良好待遇的同时，必须担负起同等的责任。若不能尽职尽责，则名誉有可能化为污名，尊敬也有可能成为被人轻蔑的源头。名誉与责任犹如纠缠在一起的绳索，只有重视责任，才能成就真正的名誉。"

世上有很多功成名就、获得名誉称号的人。有时名誉可能会成为引发问题的原因，逃避责任也有可能造成晚年的污点。名誉伴随着责任，只有担起责任，才能获得真正的尊敬。

WORDS OF EIICHI SHIBUSAWA 47

做重要决断时,要使自己置身事外

有的人不计自己得失,

将其视为解决问题的最佳办法,

也有的人把自己的得失放在第一位。

"不惜性命、不要名誉、不追求官位金钱的人是难以动摇的。这样的人才能在艰难时期守护家国，成就大事"，这是西乡隆盛的名言。

意思是在成就国家大业时，要把自己的利益置之度外，以"舍弃自己的觉悟"处事。在日常的工作中，成功的人通常"没有私心"，而失败的人则常常是"有私心"的。

涩泽荣一认为，在遇事决断时，有的人会把自己的得失放在第一位，而有的人则不计较自身得失。无论对谁来说，自己都是十分重要的。但是如果过度追求自己的利益，就容易做出错误的判断。而不计自身得失，专注于思考事情本身的成败，则更容易看到正确的道路。

在遇到事情时，要慎重思考其"对错、得失和合理性"，有时即使不能为自己获利，但只要合乎情理，对国家、对社会有益，就必须放弃自身利益，选择合乎道理的做法，这也是涩泽荣一的人生守则。

WORDS OF EIICHI SHIBUSAWA

48

做重大决断时要深思熟虑

即使是看起来符合道理的事,
也要再三斟酌是否有不合理之处。

在做重大决断时需要深思熟虑。

京都陶瓷株式会社（现在的京瓷株式会社）的创始人稻盛和夫在1984年为了对抗日本电信电话公社（现在的NTT）决定创办第二电电（现在的KDDI）。这一举措虽然是为了实现通信的自由化，但是当时无论在谁看来都是无谋的决断。

稻盛和夫为了确定自己的本心，每晚入睡前都会思考"动机是否出于善念，是否有私心"。这样的自问自答持续了半年之后，他终于确信"动机至善、私心了无"。于是他为了国民的利益，做出了创办第二电电的重大决断。

涩泽荣一认为在做重大决断时，这样的深思熟虑是绝不可缺少的。

在做出决断之际，涩泽荣一总是仔细分析是否合乎道义，是否为了国家社会的利益，是否是为了自己。在充分考察探究是非、得失、是否合理之后才会做出决断。不仅如此，对于一些看起来合乎道理的事情，他也要再三斟酌是否有不合理之处，只有在确信完全没有问题之后才会做出决断。之后他便可以放心大胆地开展事业。这正是涩泽荣一在面临重大决断时的做法。

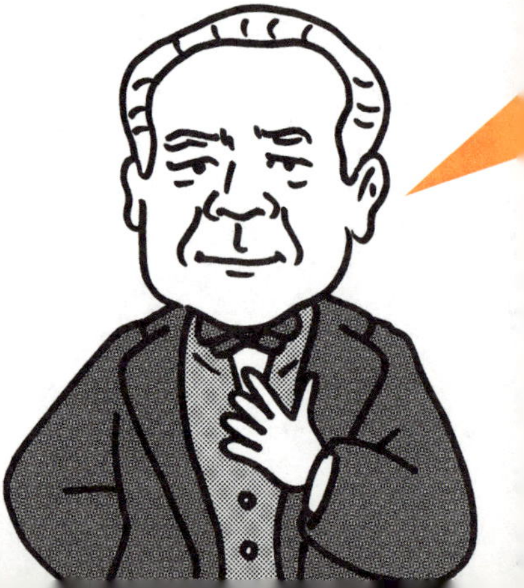

第五章

学习只有经过终身实践后才有价值

WORDS OF
EIICHI SHIBUSAWA

WORDS OF EIICHI SHIBUSAWA **49**

学习只有经过终身实践后才有价值

与实践相结合的学习要贯彻终身，才能达到令人满意的水平。

人们总是会想"这样做吧、那样做吧",尽管头脑中有诸多想法,却不会全部说出口,甚至说出口的事也未必会全部付诸实践。人们所思所说的事,大概只有几分之一能够真正执行。

另外,在读书或者听演讲时,人们可能经常会遇到"啊,这件事我知道"的情况。大多数人认为"我只要知道就可以了",然而在这种时候能够对"我是否在实践"进行自问自答,并做出肯定回答的人又能有多少呢?

人们会阅读很多书籍,学习、了解很多事情。但是又有多少人能够付诸实践呢?恐怕临场露怯也是常有的情况。

涩泽荣一在日常生活中就是一个勤奋学习的人。他从未有一天懈怠工作,一直坚持勤奋学习。在涩泽荣一看来,无论有多少知识,如果不能将其付诸实践,就无法发挥出任何作用。

重要的是"要把学习的知识与实践相结合",这样的训练"只有通过终身学习才能达到令人满意的水平"。

WORDS OF EIICHI SHIBUSAWA 50

成为"贤者"还是"愚者"取决于学习

无论贤者还是愚者,出生时几乎一样。
而学习则能够导致他们不同的结局。

心理学家阿尔弗雷德·阿德勒曾说过:"特别的才能或天生的能力是一个错误的理论。"天生的才能并不能决定一切。

那么,人与人之间的差异究竟从何而来?涩泽荣一认为虽然人们出生时几乎一样,但是通过后天的学习和对学问的探索,随着年龄增长,有的人能够成为贤者,而有的人则沦为愚者。

涩泽荣一出生于农民之家,从5岁开始学习《三字经》,从14岁左右开始又学习了四书五经等诸多书籍,这些学习成为他之后人生的重要支点。

涩泽荣一认为并非阅读书籍才是做学问,只要在日常生活中抱有"好学之心"就能够学习到无尽的知识。在成年之后也不可丧失学习之心。是否能够坚持学习,决定着人最终成为贤者还是愚者。

WORDS OF EIICHI SHIBUSAWA

51

志向只有与言行相伴才值得信赖

区分可信之人和不可信之人的标准在于其志、言、行三者是否一致。

有的人"看到长相或外表良好的人"就会觉得"那个人看起来很好"。也有的人看到善于言辞、擅长社交的人就会产生"那个人真是个好人"的感觉。

确实,是否对一个人产生好感常常取决于"外表"或"感觉"。但是,判断一个人是否值得信赖则需要有不同的标准。

涩泽荣一认为要鉴别一个人是否值得信赖,必须观察其"志向""言语""行动"三者是否一致。

世界上有许多"能言善辩"的人,然而这并不意味着他们的言辞都是可信的。只会花言巧语的人绝不在少数。那么拥有伟大的志向且善于言辞的人会如何呢?涩泽荣一认为这样也不足以说明他是值得信赖的。无论拥有怎样伟大的志向,如果不付诸行动就毫无意义。人们仅仅有"志向"和"言语"是不行的。

重要的是,"志向"、"言语"和"行动"这三者一致才称得上是"值得信赖的人"。

"会说话"不如"能做事"

虽然有很多政治家或学者立志将工商业发展壮大,
然而这些人并不会也无法成为商人。

丰田有一句名言:"要成为治疗师而非诊断师。"即使能够发现并指出生产现场的问题,但是如果不能解决问题,那么就毫无意义。对于事物仅仅进行批评或表达理想是不够的,只有使之成为现实才能为社会做出贡献。

在涩泽荣一辞去政府工作的明治初期,与政府官员相比,从事工商业的人地位较低。因此即使抱有理想,也很少有人能够真正付诸行动。在辞去官职时,涩泽荣一说:"当今有学问、有能力、有知识或有一技之长的人都想成为政府官员,这种倾向十分严重。然而如此一来,民间就缺乏优秀人物,上下无法平衡,国家实力难以得到发展。因此我决定于明日递交辞呈。"

对于期待将来的人来说,从官到民的转换是不符合常识的。然而涩泽荣一则认为,如果大家都不行动,那么就由自己做给大家看。正是这样的强烈决心才促使他迈出了行动的第一步。重要的并非表达理想而是采取实际的行动去实现理想。只有付诸行动才有可能改变社会。

WORDS OF EIICHI SHIBUSAWA 53

成功需要勇气

无论一个人有多么卓越的才能,
在面对问题时,
若要使其才能得以发挥,
就需要勇气的助阵,
否则多数成就无法实现。

我曾经看到过一个关于"毕业后,谁才是班级中最成功的人"的调查,结果显示,最成功的人并非当年班中最擅长学习的人,也不是最受欢迎的人,而是最具有执行力的人。

世界上不乏明知该做的事却不迈出重要一步的人,这通常是由于对失败的恐惧。

在挑战新事物或没有经验的事情时,谁也无法保证能够成功。正是由于对失败的恐惧,才更需要有"勇气"来帮助自己迈出重要的一步。因此,成功不仅需要"才能",更需要"勇气"的加持。

涩泽荣一认为,即使人们头脑中清楚地知道"必须做的事",也依然无法付诸行动的原因之一就是"缺乏勇气"。特别是在涩泽荣一所从事的实业界,当时有诸多现在无法比拟的辛苦,失败也是常事,因此才更加需要有勇气。缺乏勇气的人就"等同于处世上的穷困者"。

当然,所谓的勇气绝不是不顾后果的蛮勇。只有兼具智慧和勇气的人才能够成为有所创新的人。

WORDS OF EIICHI SHIBUSAWA **54**

不以恶小而为之，不以善小而不为

仅仅消极地避免做坏事是不够的，必须积极地行善才能发挥人的价值。

心理学家阿尔弗雷德·阿德勒曾列举过一个事例：一个老人在慌乱中失足滑倒，当一位绅士看到终于有人扶起老人时，说道："终于有优秀的人出现了"，以此来称赞此人。然而这位绅士的做法并不可取。阿德勒这样评论这件事：当看到有人求助时，仅仅冷眼旁观是不对的。

父母通常会教育孩子"不可以做坏事"，但是却很少告诉孩子："不光不要做坏事，还要多做善事。"涩泽荣一认为这样的教育并不够。世界上有很多人能够坚定地说："我绝不会做坏事"，但是如果止步于此，也"不做善事"，就无法使世界变得更好。

要想使社会变得更好，不做坏事是最低限度的规则。消除"什么也不做"的消极态度，"为社会、为他人"不断行善才是更加重要的。

涩泽荣一认为"真正的进步始于善恶都做的人开始仅做善事"。

WORDS OF EIICHI SHIBUSAWA

55

要深思熟虑，切忌思虑过度

世上既有需要三思而后行、十思而百虑之事，又有不可过度思虑、仅需付诸实施之事。

人生就是在做不断的决断，决策的结果影响着今后的人生，因此做决断是十分艰难的事。

涩泽荣一认为在创业之际，应以四个要素为基准加以深思熟虑。不仅如此，还应在确信"这是正确之事"后，再次慎重考虑"是否真正正确，是否确实没有问题"，之后再采取决断，并在做出决定之后一气呵成，大胆推进。

虽说如此，但是"深思熟虑"有时也可能会变成"优柔寡断"，因此要十分注意。由于恐惧失败而拖延，迟迟不做决定，就有可能错失难得的机会。

有时人们需要像涩泽荣一所说的那样避免过度思虑，学会当机立断。"在应当深思熟虑时不加考虑，在需要当机立断时却思虑过度"，避免发生这样的错误是非常重要的。

人生是由一个接一个的决断组成的，对于"应该仔细考虑"还是"应该立刻行动"的判断也是一个绝不可出错的决断。

WORDS OF EIICHI SHIBUSAWA

56

平时就要做好迎接好运的准备

即便命运是提前注定的,
但如果自己不努力耕耘,
也绝对无法把握命运。

丰田曾在 1950 年陷入破产的危机。然而在社长更换不久之后就发生了朝鲜战争，丰田趁此机会很快就消除了赤字，经营状况得到好转，也因此渡过了难关。

当时新上任的社长石田退三在就任之初便被人讥讽道"成为那种公司的社长运气真差"，而不久之后又被人羡慕道"他运气真好"。而石田退三本人却说："所谓的运气并不是偶然发生的。只有在平时做好迎接好运的准备，建立完善的体制，好运才有可能降临。"他强调的正是只有平时多加准备才能迎来好运。

涩泽荣一的一生有着石田无法比拟的跌宕起伏。然而涩泽荣一却从未曾憎恨命运，而是靠自己的能力开拓出了属于自己的命运。

无论怎样的幸运降临到眼前，如果没有把握它的准备和意识，幸运就会瞬间逃走。即便命运的十之一二是最初就注定的，但是如果不通过自己的努力来开拓命运，也就绝对无法把握这个命运。这也是涩泽荣一的思考。

把握命运需要事先的准备。

WORDS
OF
EIICHI
SHIBUSAWA

57

学会忍耐，机会总会到来

耐心等待机会也是人生中
不可缺少的课题。

在计划付诸实施之后,马上取得理想的成果是最令人喜悦的,但是在现实中绝大多数的事情都是在经历过反复不断的尝试之后才最终步入正轨的。

在涩泽荣一着手的事业中,有很多都是在日本的首次尝试。其中不乏事业之初就持续赤字,不得已需要长久忍耐的情况。日本第一所民间造船厂石川岛平野造船所(现在的IHI)诞生于1876年,之后历经十余年,其第一艘军舰"鸟海"才得以竣工。其间,涩泽荣一通过银行多次寻求支援,甚至提供了个人资金,深刻体会到了如同"难产"般的痛苦。通过这些经历,涩泽荣一更加坚定了"世上的事并不是仅靠卖力气就能做成的,必须培养坚韧持久的忍耐力且不断进取"的想法。

人生在世,向着目标迈进是必不可少的,时而"纵观全局,耐心等待机会的到来"也是十分必要的。不要因为事情进展不顺而焦躁,应该鼓起勇气忍耐前行,这样才有可能最终走上正轨。

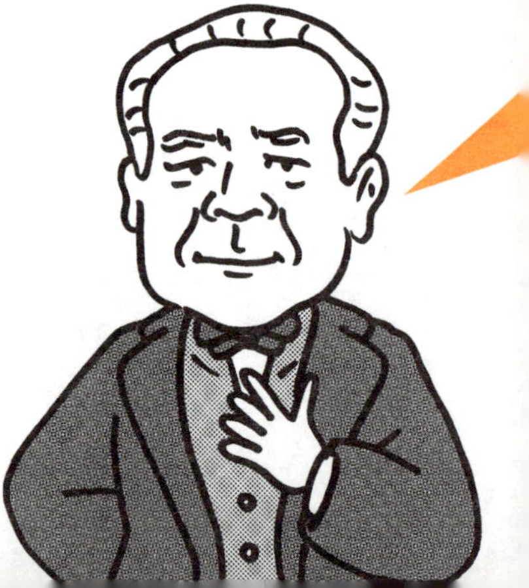

第六章 不在现实中随波逐流，坚定理想

WORDS OF EIICHI SHIBUSAWA

WORDS OF EIICHI SHIBUSAWA

58

不在现实中随波逐流，坚定理想

目标必须伴有理想，
实现理想才是人之使命。

在商业上树立目标有两种方式。一种是树立稍加努力就能实现的目标;另一种是树立虽然不确定是否能够实现,但无论如何都想尝试的目标。

如果仅追求达成率的话,当然是前者比较好,而后者即使不能百分之百实现,但与树立第一种目标相比,最终能够达到更高的高度,并且在经历挑战之后自己也更能够得到更大的成长。

涩泽荣一认为"目标中必须伴有理想"。在幕府末期,涩泽荣一曾随巴黎世博会使节团到访巴黎,在那里他深切感受到产业兴盛的重要性。于是,他在回到当时商人和实业家地位低下、产业落后的日本之后,就着手创办银行,并利用其资本培育众多的产业,向着看似无谋的宏大目标不断迈进。

涩泽荣一认为人生就是追求理想的过程,唯有实现理想才是人之使命。暂且不论没有任何目标随波逐流的人生如何,作为人既然来到世上,就不可被现实左右,坚定理想,为实现理想而活,这才是至关重要的事。

WORDS OF EIICHI SHIBUSAWA **59**

"确立志向"不可受社会风潮左右

未经深思熟虑,受到一点社会风气的
影响就随意树立志向,
开始行动的人并不少,
但这样的志向恐怕最终无法实现。

涩泽荣一在17岁时树立了"要成为武士"的志向,后来在经历过政府工作之后于1873年转投实业界时已经是30多岁的年纪。

涩泽荣一回顾往事时说道:"如果十几岁时的志向不是成为武士,而是从事工商业,那么也许能够获得比现在的涩泽荣一更大的成就。"

然而"确立志向"是十分困难的。涩泽荣一认为在确立志向之际,"让头脑保持冷静,仔细比较考察自己的长处和短处,并在自己最擅长的领域确定志向"是十分必要的。只有这样才能"把志向贯彻终生",才能确立正确的志向。

最不可取的是,被社会风潮左右,不认真思考是否适合自己,仅凭"啊,这个工作看起来不错""那个工作看起来似乎有趣又能挣钱"这样一时兴起的想法就开始行动。涩泽荣一断言这样树立的志向难以坚持到最后。

软银的创始人孙正义在创业之际,曾经花费了一年的时间来思考事业方向。若要取得巨大的成功,这样的深思熟虑和仔细考察是必不可少的。

WORDS
OF
EIICHI
SHIBUSAWA

60

要堂堂正正地度过人生

因为自己做事无愧于天地,
因此无论别人说什么,
都不会唉声叹气、指责他人。

据说涩泽荣一每天必做的第一件事就是,早上起床后接待到访的客人。其中不乏有向他索要金钱的厚颜无耻之人,也有批判他视《论语》为精神支柱的人,甚至还时常会遇到批判他是"清浊兼收主义""正邪善恶不辨"的人。

涩泽荣一因为有一些当权者和财阀的知己,就有人曲解他是"与官员勾结,贿赂权势"之人。然而,涩泽荣一却从不把这些批判放在心上。

涩泽荣一从未依靠政治或权势,一直以自己信奉的理念为行动准则。因此,他无论遇到怎样的非难,也"从未唉声叹气,责怪他人"。

社会上既有一旦受到外界批判就十分在意,并因此改变自己的行动、容易受"他人评价"左右的人,也有能够坚持自己的信念、无论别人说什么都坚定地走自己相信的道路、能够按照"自我评价"行动的人。涩泽荣一正是这种信奉"自我评价"的人。

这正是源于涩泽荣一时刻拥有"行事无愧于天地"的自信。

WORDS OF EIICHI SHIBUSAWA

61

右手《论语》，左手生意

我要一生贯彻《论语》之精神。

《论语与算盘》一书收录了涩泽荣一演讲稿。为何涩泽荣一认为生意和《论语》缺一不可呢?

涩泽荣一于1873年辞去政府官职,投入了在当时身份地位比官僚低得多的商界。当时有不少人认为做生意不需要学问,并且欧美各国也大多认为日本人不重视信用。

对欧洲十分熟悉的涩泽荣一很早就感受到这些观点的危害。明治维新之后,日本在政治、教育及军备等领域获得了诸多成果,然而商业却未能得到有效的发展。涩泽荣一认为如果不振兴商业,则日本难以发展,为此,必须有优秀的人才投身商界,并为之鞠躬尽瘁。

然而,这种想法并不能轻易得到他人的理解。涩泽荣一也被他的官僚同事非难道:"你是掉进钱眼儿里了吗?"面对这样的指责,涩泽荣一说道:"人可以从事的工作无所不在,并非只有当官才伟大",并下定决心要以《论语》为行动准则终身从事商业。从中可见涩泽荣一要提高商业的地位、力图其得以巨大发展的强烈决心。

WORDS OF EIICHI SHIBUSAWA **62**

思考工作的意义和人生的意义

人们不是为了吃饭而活着,
而是为了活下去而吃饭。

对待工作的态度,取决于从工作中发现的意义和价值。其中一个有名的例子就是彼得·德鲁克("现代管理学之父")所讲过的"三个石匠"的故事。

从事切割搭建石头这一辛苦工作的三个石匠在被问到"你在做什么"时,三人的回答各不相同。第一个人说:"我在做养家糊口的事,混口饭吃。"第二个人说:"我在做整个国家最出色的石匠工作。"而第三个人则回答道:"我正在建造一座气派的建筑。"

即使从事相同的工作,从工作中能够发现的意义和价值也不尽相同。这通常取决于人们的生活方式和思考方式。涩泽荣一在幕府末期到明治维新期间这一激荡的时代中度过了自己的青春时期。在这样的时代,有时连活下去都是不容易的。然而涩泽荣一却树立起"为国家的经济发展鞠躬尽瘁"的志向,并且一生为之奋斗。

涩泽荣一认为人们不应该仅仅"为了活下去"或"为了吃饭"而活,而是必须为了"与自己的身份相符地为人类和社会做贡献"而活。虽然有时迫于生计容易产生"为了吃饭而活"的想法,但是无论从事何种工作,只要能够有这是为了后人、为了社会做贡献的意识,那么工作的意义就会发生很大改变,人生的意义也会随之改变。

WORDS
OF
EIICHI
SHIBUSAWA

63

把自己的利益放在最后

我所信奉的主义并非利己主义，
而是"公益主义"。

创建了三菱财阀的岩崎弥太郎和涩泽荣一一样,创办了很多企业。有一天,岩崎弥太郎在向岛(东京都墨田区)的一家料理店招待涩泽荣一,并说道:"只要你我联手经营,就一定能够撼动日本的实业界。今后让我们一起合作,大展宏图吧!"

确实,如果涩泽荣一和岩崎弥太郎能够联手的话,必定能够垄断众多行业,也会收获巨大的财富。岩崎弥太郎以此来邀请涩泽荣一加入所谓的"强强联合"。但是,涩泽荣一与岩崎弥太郎不同,他并未有过"独占巨大财富"的想法。涩泽荣一的目标是"振兴各行各业,使多数人受益的同时,使整个国家实现富裕"。而岩崎弥太郎的想法则是"为了三菱的利益振兴事业,使三菱能够从中获益"。

涩泽荣一的信念用一句话可以概括为"不同于利己主义的公益主义"。在开展事业时,他把自身的利益放在第二位甚至第三位,而把国家和国民的利益放在第一位。涩泽荣一和岩崎弥太郎都是优秀的企业家,然而他们对于利益的思考却截然不同。

WORDS OF EIICHI SHIBUSAWA

64

哪怕剩不下金钱,也要留下事业

即使在事业方面取得了很大的成就,
在致富的道路上也难免会成为失败者。

涩泽荣一从政府官员转投实业界后,以创立第一国立银行为开端,接连创办了五百多家企业。既然能够创建如此众多的企业,那么成为不输给三井、三菱和住友的财阀也并不稀奇。然而,涩泽荣一最终也没有创建涩泽财阀,涩泽荣一也从未将这些企业收入麾下。

其原因就在于,比起"自身利益",涩泽荣一更看重"国家利益"和"社会利益"。他有时甚至会把个人财产用于支持困难的事业。这是无视得失的大义之举。涩泽荣一在晚年留下了这样的话:"我若想积累一身一家的财富,定当不输于三井和岩崎,这并不是吃不到葡萄就说葡萄酸。"

确实,如果涩泽荣一把自身利益放在第一位,和三菱财阀的岩崎弥太郎联手的话,也许之后日本的资本主义就会与现在有所不同。

从结果来说,涩泽荣一在"致富之路"上是一个"失败者",但是他却为日本这个国家的产业发展做出了巨大的贡献,可以说他在使日本变成富裕国家的事业中取得了巨大的成功。

WORDS OF EIICHI SHIBUSAWA

65

为国家和世界奉献一生

人们在死亡之前都无法递交出作为国民的辞呈。
只要还活着，
就必须为社会事业做贡献。

涩泽荣一退出他一生苦心经营的银行业时，已经接近80岁的高龄。在当时平均寿命只有40多岁的时代，他确实在工作领域活跃了很久。

即使在如今盛行"人生一百年"之说的时代，超过70岁后能够做的工作也会大大受限。然而涩泽荣一在退休之后却依然活跃在慈善事业和国际亲善的活动中，这不禁令人赞叹。

能够支撑涩泽荣一从事这些活动的正是他"人们在死亡之前都无法递交出作为国民的辞呈。只要活着，就必须为社会事业做贡献"的想法。

涩泽荣一从63岁时开始对反日情绪不断高涨的美国进行了四次访问，最后一次访问美国时，他已经是82岁高龄了，可以想象当时的旅途之艰苦。然而，涩泽荣一却出于"为世界做贡献"的想法而持续奔走。

人不是为了享受美食，躺平享乐才长寿，而是为了"对国家、对家乡、对家族做出贡献"才要长寿。这是涩泽荣一终生未变的信念。

WORDS OF EIICHI SHIBUSAWA

66

一生都要从事慈善事业

即使没有亲生父母也无须悲叹,
虽然他们不在身边,
但我涩泽荣一将会成为你们的父母。

被称为"日本资本主义之父"的涩泽荣一也倾注了同等的精力从事公益事业。

1876年,涩泽荣一受当时东京府知事的委托担任养育院事务长之职,对于这一任命他十分爽快地接受了。熟悉欧洲的涩泽荣一曾目睹了欧洲各国慈善事业的发达,他感受到在日本也需要有同样的公益事业。

但是,在当时的日本,对于孤儿和穷人的救助设施,有很多诸如"没有必要养懒人"的反对声音。因此,设立运营养育院绝非易事。涩泽荣一在这样的反对声中坚持设立了养育院,还亲自担任院长,从他45岁起一直到91岁去世前都在守护着养育院。涩泽荣一89岁时,在东京市养育院的聚会上如此发言:

"这里都是没有父母或无家可归的孩子,我把这些孩子当成自己的孩子。即使没有亲生父母也无须悲叹,虽然他们不在身边,但我涩泽荣一将会成为你们的父母。"

涩泽荣一为慈善事业倾注了与经营企业同等的热情。

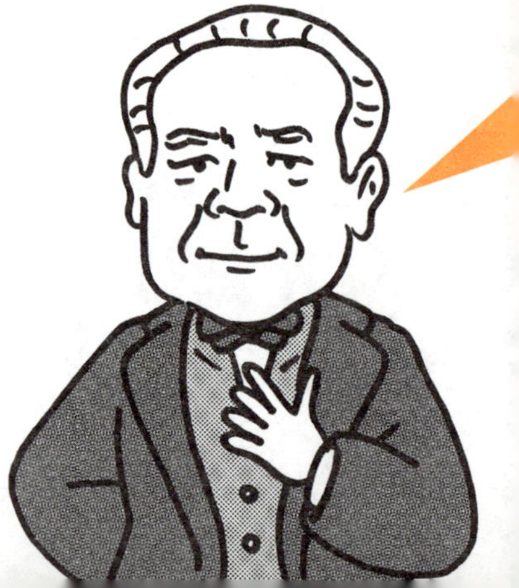

第七章 不依赖他人，自己把握机会

WORDS OF EIICHI SHIBUSAWA

WORDS OF EIICHI SHIBUSAWA **67**

过度依赖他人,将无法培养自信

如果总是依赖他人,
自己的实力就会"生锈",
最重要的"自信"也无法培养。

某个管理者年轻时曾在生产现场从事改进业务。最初他缺乏自信,每每遇到问题都会去上司的办公室询问"在这种情况下该怎么做",在得到指示后再去执行。虽然他有时也会产生一些想法,但是考虑到"如果按照自己的想法去做失败了,就会给大家带来麻烦",就不敢自己做决定。正是由于他这种顾虑太强,才一直依赖上司。

然而,一天他像往常一样去找上司的途中,突然想到"不如下决心自己做做看",于是便掉头回去。结果按照自己的想法开展的工作十分顺利。之后,他便开始自己思考,充满自信地承担起责任,逐渐变得能够靠自己开展工作了。可见,重要的正是"自信"。

涩泽荣一曾说过:"要想培养蓬勃的挑战精神,并使之得以发挥,就必须成为一个真正自立的人。"如果上司在所有的事情上都给部下做出指示,尽管部下不会失败,但也容易剥夺部下的思考能力和自立心。依赖他人很舒服,但这并不能培养出独立性,在紧要时刻也就无法当机立断采取行动。

首先要勇于尝试。尝试才能培养自信,实现自立。

WORDS OF EIICHI SHIBUSAWA

68

不依赖他人，学会自己把握机会

若要在工作上取得成就，必须亲自动手尝试。

有没有想要在工作上取得成就,但是却总是感叹得不到机会的人呢?

要想在工作上取得成功,不应该仅仅等待别人的教导和指引,而是需要自己刻苦学习,开拓道路。有些人一旦失败就去责怪前辈和上司,但是不要忘了一部分责任在于自己。

工作中需要学习的知识是很多的,然而并没有人能够代替自己去学习,或认真负责地教授给自己。

据涩泽荣一所说,当时的年轻人中不乏抱怨"想做成一番大事,但是没有人可依靠"的人。对于这些人,涩泽荣一回应道:"前辈和社会可没有那个工夫又要帮你制作菜单,又要把饭菜喂到你的嘴里。"

重要的不是依赖别人,总想着"有没有人能指导我""有没有人能教教我",而是要学会"自己拿筷子",把握机会。

如果真的相信自己是优秀的,那么就不要依赖他人,而是磨砺自己,开辟属于自己的道路。这正是涩泽荣一的思考。

WORDS OF EIICHI SHIBUSAWA 69

不要抱怨,培养"吸引工作的能力"

如果因为没有工作而苦恼,
就应该增加实力吸引工作,
而不是向他人抱怨。
责任永远在于自己。

有些年轻人在好不容易找到工作后,仅仅工作了几个月就辞职。其原因之一就是抱怨"公司不让自己做想做的工作"或者"公司不让自己做像样的工作"。这种对于工作的不满,在涩泽荣一的时代也曾有过。

涩泽荣一创立了很多公司,也雇用了很多年轻人。他曾对这些喜欢抱怨的年轻人进行过调查,发现这些人都有一个共同点,那就是他们都是喜欢抱怨"因为没有可做的工作而苦恼"的人。与其说"别人不把工作交给他们",不如说他们"没有吸引工作的能力"。

抱怨"没有工作"的年轻人,实际上即使有工作,也会因为是很小的工作或者不顺心的工作而提不起干劲儿,并会抱怨不平和不满。与之相反,"有工作"的年轻人,无论是多么小的工作都认真对待,因此就会像磁铁一样不断地吸引到工作。涩泽荣一认为所谓的"没有工作"其实是"不想工作"或者"不具备被给予工作的能力"。

真正有能力的人从不会抱怨没有工作,他们会不断地找到能做的工作或者可以做的事,然后踏踏实实地去执行。这样的态度也与他们未来的成长紧密相关。

WORDS OF EIICHI SHIBUSAWA

70

就业是学习的起跑线

在学校所学的东西将即刻变成无用之物。

"大学里教授的全都是过去的事",这是本田的创始人本田宗一郎说过的话。本田宗一郎是一个把"想做什么""想达成什么目标"看得比"从哪个大学毕业"更加重要的经营者。

涩泽荣一也曾对当时的年轻人说过:"在学校所学的东西将即刻变成无用之物。"要想在实业界取得重要的地位、从事重要的工作就必须做好"需要多年的经验和忍耐的思想准备"。

年轻人中不乏刚一进入企业,就期待可以获得"想做的工作""重要的工作"的人。然而,他们一旦知道不能如愿,或需要经年累月的忍耐才能实现,就会无法承受而很快辞职。他们大都想要找到能马上做自己想做的工作的公司。

虽然当时的社会环境与现在不同,不能一概而论,但是涩泽荣一也曾苦口婆心地向这些年轻人诉说:"不悲观,要抱有希望,保持高尚的品格和圣洁的精神,学会忍耐、刻苦磨砺。"

这并非说在学校所学的知识是无用的,而是告诫大家更重要的是走上社会后应该学习什么,达成怎样的目标。

WORDS OF EIICHI SHIBUSAWA **71**

避免空想，不放弃理想

理想和空想有时容易混淆，
切忌走上空想之歧路。
要树立远大的理想，
并向着理想勇往直前。

空想和理想是不同的。

空想是想象现实中不可能实现之事，而理想可以说是人们在内心中描绘的"想为社会做贡献"的最善的目标或状态。

当然也有一些"空想"经过100年或200年后能够得以实现。但是涩泽荣一认为对于生活在当下的年轻人来说，切不可混淆空想和理想。

人如果没有理想，就会变成"为了生存而工作"的机器，因此树立"高远之理想"是十分重要的事。但是如果走上不可能实现的"空想"之歧路，那么目标就无法成立。

涩泽荣一认为，重要的是，即使目标距离现在很遥远，也要学会正确树立"理想"。当然理想与现实之间总会有差距，不能尽如人所愿的情况也很多，在这种时候必须做好"绝不可因为失望落荒而逃，而是要鼓足勇气奋勇向前"的心理准备。只要不误入空想之歧途，不放弃理想，坚持向前，就一定能够切实地接近理想。

WORDS OF EIICHI SHIBUSAWA 72

要有"外表很重要"的意识

比起"志向"之好坏,
"行为"之善恶更容易引人注意。

曾参与苹果公司创立的迈克·马库拉对年轻时的史蒂夫·乔布斯说过:"人们会根据封面来决定是否买一本书。"他的意思是无论制造出怎样性能优良的电脑,如果由外表邋遢的乔布斯向人们推荐一款外观不佳的电脑,恐怕人们也不会购买。

从那之后,乔布斯就十分注重自己的外表,并且专注于制造设计感强的产品。

对于"外表还是内在"这一问题,涩泽荣一以"志向"和"行动"为例进行了如下说明。他认为无论志向多么优秀,如果行动迟钝,任意妄为,就无法得到人们的信任。相反,即使志向不够完美,但行动机敏且忠实,就能够吸引他人的目光,也更容易成功。

看到这样的人,也许有人会感叹:"上天公正吗?"尽管如此,但是确实"行为"的善恶更容易被人察觉,也更容易关系到今后的成功。

虽然志向和行动都出色是最理想的,但是也应当意识到如果仅仅重视"只要志向优秀就好"而无视言行的话,那么在实现志向的道路上有时就会困难重重。

WORDS OF EIICHI SHIBUSAWA

73

年轻人要向长辈学习经验

尽管老年人没有太多的未来,
但他们却积累了丰富的实践经验。

历史学家矶田道史曾说过在发生地震或海啸等重大灾害时,人们经常会用"未曾有过"或"史无前例"等词语去形容。但是如果读一读史书,就会发现其实在相同的地点几百年前也发生过相同的事件,这种事例有很多。矶田道史认为"向历史学习"对于解读今天是十分有帮助的。

涩泽荣一对精力旺盛的青壮年抱有很大的期待,同时他也时刻不忘尊敬老年人。他认为,虽然青壮年未来可期,但未来不多的老年人却拥有青壮年没有的人生经验,而这些经验一定是人生的智慧。是否能够尊重并活用这些经验,决定着未来能否变得更好。

虽然当今时代能够通过互联网了解到很多过去的事情,但单纯的文字和活生生的经验还是有很大区别的。

学习并活用老年人的经验,这将成为学习过去、开创未来的力量。

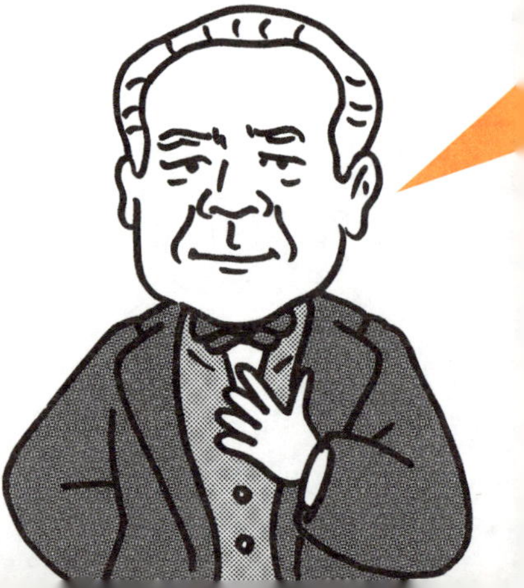

第八章 在逆境中等待时机,跨越逆境

WORDS OF
EIICHI SHIBUSAWA

WORDS OF EIICHI SHIBUSAWA

74

身处逆境时，应专注于力所能及之事并等待时机

在面临"人力无法改变的逆境"时，
应委身天命，放低姿态等待即将到来的命运，
刻苦勤勉，不被挫折打倒，坚持学习。

在陷入逆境时，应探究其原因，分辨是"人为造成的逆境"还是"人力无法改变的逆境"。这是涩泽荣一应对逆境的方法。那么在分辨之后应该如何应对呢？

如果是"人为造成的逆境"，那么大多是自己之前所作所为的结果。因此要真诚反省，努力改正错误。如果全部怪罪于命运，憎恨不幸，则只会让事态进一步恶化。

而如果是"人力无法改变的逆境"，就应该接受"命运的安排"，在现实中忍耐，在可控制的范围内放低姿态为将来做准备。不要被挫折打倒，应该刻苦勤勉，努力学习。这是涩泽荣一给人们的忠告。

然而现实中有些人甚至无法分辨"人为造成的逆境"和"人力无法改变的逆境"，误把"人力无法改变的逆境"当作"人为造成的逆境"，从而不断地做出徒劳的尝试。这样只会增加无谓的辛苦，令人在逆境中疲惫不堪，甚至没有力气去思考明天。因此，能够清楚地分辨"自己能够做到的事"和"无法做到的事"是至关重要的。除此之外，学会"等待时机"也是十分必要的。

WORDS OF EIICHI SHIBUSAWA

75

把逆境分成两种情况去思考

身处逆境的人要探究其形成原因，区分是"人为造成的逆境"还是"人力无法改变的逆境"。

涩泽荣一的一生可以分为五个阶段：①作为尊王攘夷的志士活跃的时期；②成为一桥家家臣的时期；③作为幕府官员远赴法国时期；④明治政府的官僚时代；⑤成为实业家、慈善家的时期。他的一生可谓波澜万丈，逆境不断。

特别是在滞留法国期间，德川庆喜实施大政奉还，受命归国的涩泽荣一失去了可以依靠的幕府。这期间，涩泽荣一在法国拼命工作，学习了西洋的知识和技术。之后他成了改变社会的"逆境之人"。

当然，在时代的洪流中被逼入逆境的人并不只有涩泽荣一一人。通过这些经历，涩泽荣一学会了在陷入逆境时，应该思考的是探究其原因，分辨"这是人为造成的逆境"还是"人力无法改变的逆境"。

有的人一旦陷入逆境就慌慌张张地采取过度行动，或者早早放弃。但涩泽荣一认为首先应该做的是仔细分辨什么是自己可以掌控的以及什么是自己无法控制的。

WORDS OF EIICHI SHIBUSAWA

76

不被功名心所困

功名心十分重要，但如果错误解读，
就有可能成为让人犯错的元凶。
功名心必须时常伴随着正确之"道"。

人们总是渴望成功。涩泽荣一认为这种"功名心"是人生中不可或缺的。他认为"人生是无法与功名心分开的，如果没有了功名心，人们最终会无聊懈怠，陷入自暴自弃之中。正是因为有了功名心，人们才会产生努力发奋的激情"。

同时，涩泽荣一又劝诫人们，功名心有时也会让人作出即使欺骗、诬陷他人也要追求成功的恶行，因此要十分注意。

为何功名心会与恶行有关呢？这是因为，很多人在看到成功者时，仅仅对其最终结果抱有强烈的关心，而容易忽视他们在取得成功前日复一日的努力。

当看到成功者时，人们会被"成功"这一结果所诱惑，"自己也想变成那样"，从而轻易地仅追求"结果"。这样就会招致失败，引发恶行。然而错的并不是功名心，而是沉迷于功名心而失去正确判断的人。

能够支撑日复一日的努力、帮助人们最终到达成功的，正是想要为社会做贡献的"伴随正确之道的功名心"。

WORDS OF EIICHI SHIBUSAWA

77

灾难的种子在"得意时"萌芽

人的灾难多在得意时到来。

美国第45任总统唐纳德·特朗普年轻时在纽约曼哈顿从事不动产开发并获得了巨大的成功，也成了大众媒体的宠儿，甚至被比作希腊神话中能够点石成金的迈达斯。

然而，不久特朗普就开始感到厌倦，不再专注于自己的事业。也由于过于骄傲自满而不再关注市场的动向，他不再像以前那样努力工作，从而导致没有察觉到市场的变化而经历了惨痛的失败。

涩泽荣一认为人们真正的危险正在于"得意之时"。人们在失意时都会胆小谨慎，也易于反省。但是，在得意之时，人们常常会得意忘形，产生自己什么都做得到的错觉，不知不觉中把手伸得太远，甚至妄图尝试自己完全不了解的事。而恰恰在这种时候，灾难的种子就会生根发芽。

涩泽荣一告诫人们："得意之时不可放松警惕，失意之时莫过灰心丧气，要保持平常心遵循道理行事。"无论对谁来说，最应该警惕的就是"产生傲慢之心的时期"。

WORDS OF EIICHI SHIBUSAWA

78

在沉迷时停下来看看周围

人们的思考如果总是围绕一个方向，
就会忽视其他。

涩泽荣一在年轻时期接连经历了黑船来航（1853年）和樱田门外之变（1860年）等撼动日本的重大事件。因此像涩泽荣一这样的年轻人自然而然会产生"日本这样下去可以吗"的疑问和焦虑。

涩泽荣一在年幼时就学习四书五经，热衷于剑道的训练。23岁时，他曾前往东京进行了四个月的游学。涩泽家虽然是农民身份，但是却被允许拥有姓氏和佩刀权，因此可以说他从心理上更接近于一名尊王攘夷的志士。

这样就出现了一个问题。涩泽家是经营养蚕和贩卖蓝染原料的富农之家，二十多岁的涩泽荣一本该专注于继承家业。而一旦成为忧国的志士，希望成就一番大事，就会忽视本业，本末倒置。

然而，涩泽荣一的忧国之心并未停止。他接受了父亲的训诫后离开家乡，远赴江户和京都。在回忆当时的情景时，涩泽荣一说道："我是一个不肖子，时至今日我仍然万分后悔。"

如果人的思考总是围绕着一个方向，就会忽视其他的事。要时常停下脚步，看一看周围，这也是十分重要的。

WORDS OF EIICHI SHIBUSAWA **79**

时刻保持健全的危机感

不可因为今日之顺境
而幻想明日依然如是，
也不可因为今日之幸福
而认为明日仍会幸福。

人生中有时会遇到一夜之间发生改变的情况。经历了东日本大地震和新冠疫情之后，我们对于至今为止习以为常的事并非一成不变这一点应当深有体会，也会担心"相同的风景不会再出现第二次"。

涩泽荣一在滞留法国期间经历了大政奉还的历史事件，自己期待的武士社会一夜崩塌。涩泽荣一很早就意识到幕府的情况严峻，难以维持，认为"迟早会发生巨大的政变"。因此，当他在法国听到这一报道的时候，立刻就相信了。但是其他的随行者依然拒不相信地说："这一定是假的。"这些人在回国后一时惊慌失措，不知如何是好，而涩泽荣一则趁机在法国学习了诸多学问，这些学识也在其回国后发挥了很大作用。这就是二者之间的差距。

尽管今天平安无事，但并不能保证明天也能够迎来平安无事的一天。在顺境中高枕无忧疏于进步，只会被时代所抛弃。很多人在逆境中能够为获得进步而努力，但是在顺境中也能保持清醒，做到时刻反省努力进步才是更加重要的。

WORDS OF EIICHI SHIBUSAWA

80

比起"成功或失败",遵守道德过一生更加重要

成功或不成功

绝不是人类行为的"标准"。

人一刻都不应忘记的是行为之善恶。

"所谓的成功与失败，只不过是用心努力过的人身体里剩余的残留物（如同酿酒时剩下的酒糟）"，这是涩泽荣一的名言。可见涩泽荣一并没有执着于所有人都渴望的"成功"。

当然，这并不是说"不需要成功"，而是告诫人们还有比成功更加重要的事，那就是"诚实且坚持不懈地努力"。涩泽荣一认为如果其结果是成功的，那么就可以认为"是有效地发挥了自己的智慧"；如果失败了，也仅仅看作"是自己的智慧不够"就好了。

然而，社会上也有一些沉迷于追求"成功"或"成为有钱人"而不择手段的人。涩泽荣一认为，把正直地经营生意赚的钱和通过赌博赚的钱视为相同之物，把赚到钱的人都当作"成功者"就大错特错了。他断言："只要是遵循道理做的事，即使失败了也不后悔。而如果通过不合乎情理之事获得了成功，那也并非真正的成功，良心也绝不会得到满足。"

比起成功或失败这一结果，遵循正确之道的生存方式才是至关重要的，这也是涩泽荣一一生未变的信念。

参考文献一览

1.《现代语译论语与算盘》

[日]涩泽荣一著,守屋淳译,筑摩新书

2.《涩泽荣一训言集》

[日]涩泽荣一著,涩泽青渊纪念财团龙门社编,国书刊行会

3.《现代语译涩泽荣一自传 以〈论语与算盘〉为基准》

[日]涩泽荣一著,守屋淳编译,平凡社新书

4.《经济与道德》

[日]涩泽荣一著,德间书店

5.《涩泽百训 论语·人生·经营》

[日]涩泽荣一著,角川索菲亚文库

6.《创造财富和幸福的智慧》
[日]涩泽荣一著,实业之日本社文库

7.《涩泽荣一的 100 条训言》
[日]涩泽健著,日经经济人文库

8.《小说涩泽荣一》
[日]津本阳著,幻冬社文库

9.《小说古河市兵卫》
[日]永野芳宣著,中央公论新社

10.《20 世纪日本的经济人》
[日]日本经济新闻社编,日经经济人文库

附录　涩泽荣一箴言

序号	箴言
1	真正的经济活动，如果不是为了社会并且基于道德的，注定不会长久。
2	对于所有的事业来说，出发点都是十分重要的。在策划事业之际，一定要慎之又慎，充分分析是否具备四要素。
3	要站在世界的大舞台上从事活动，否则任何事都会变成模仿。
4	在从事事业的经营时，当事人需要巨大的忍耐力。
5	从事事业不能仅仅是为了赚钱。
6	竞争有善意和恶意之分。

(续表)

序号	箴言
7	作为领导，不仅要让员工能够安心工作，还必须为员工构建未来发展的道路。
8	无论遭受怎样的挫折都要不懈努力，这样的决心和真诚才是工作中重要的事。
9	事业成功的一半取决于领导人物。
10	公务人员往往容易缺乏把他人物品当作自己物品认真对待的责任心，但是把他人物品当作自己物品的意识过强，又担心其丧失公仆的精神。
11	所有的事业都要在经济景气时，努力加固基础。趁着经济景气，只顾讨股东欢心的行为必须慎重。
12	在生意上使用"和平的战争"或"商战"等词是大错特错的。生意场是让买卖双方都能收获利益和喜悦的场所。
13	若要采摘更多的叶子，就必须使树枝繁茂；若要树枝繁茂，就必须培养树根。
14	当遇到困难或有所担心时，如果能通过工作来转换心情、放松精神，会更加有益。
15	福祸皆由口舌而生。言行既能生福也能招祸。一言一行都不得疏忽，必须多加注意。
16	知人善任的背后有时也会隐藏着阴谋。
17	对于站在面前的人，要给予全部的诚意。

(续表)

序号	箴言
18	全身心地投入每一件事,虽然一时只能做一件事,但只要能够很好地完成,就足够了。
19	在写一封信时,只要持笔就务必集中精力,切不可思考其他事情。
20	轻视的小事多了就会变成大事。有时小事会成为大事的导火索,一件小事也有可能在将来引发大问题。
21	对于任何事情,都要有"以全新的心态对待每一天"之心。
22	无论做什么工作,都必须拥有跃跃欲试的激情。
23	在批评他人的过失时,首先要谨记于心的是不可对其带有哪怕一点点的憎恨之心。
24	过失大致可以分为无意识的过失和有意识的过失。
25	批评要就事论事,如果执着于过去的过失而不断提及,就是愚蠢至极。
26	服从未必都是善意的,反抗也未必都是恶意的。
27	既要重视金钱,同时也应蔑视金钱。
28	资本不是万能的,人才更加重要。资本的价值取决于能够活用它的人。
29	愉快地工作,莫要贪恋金钱。
30	金钱是结果,而不是目标。

(续表)

序号	箴言
31	沉迷于奢侈浪费的人,没有高低贵贱之分。(中略)应当从最初开始谨慎对待欲望,否则有可能会造成无法挽回的后果。
32	立于世间、希望有所作为的人,在创造资本之前,首先要意识到积攒信用的重要性。
33	创造财富的同时,也要感恩社会。为社会做贡献是出于道义的义务,这一点切不可忘。
34	富豪的孩子更应该时刻思考自己的实力如何,不断打磨属于自己的智慧,以求立足于社会。
35	人的欲望是没有边际的。得一则求二,得二则望三。若被欲望驱使,则胸中不免不平不满,终将苦其一生。
36	虽同是交友,但益友难交,损友易得。
37	只有会对自己做出"忠言逆耳"忠告的朋友才是真正了解自己、为自己着想的人,选择这样的朋友一定不会错。
38	习惯并非一人之事,也会感染他人。
39	人必须养成良好习惯。
40	谦卑和卑屈稍有不慎就会被误解,切不可等同混淆。
41	父母不应该要求子女尽孝,而应该把子女教导成孝顺的人。

(续表)

序号	箴言
42	仅凭才能和力量并不能让人永远信服。只有具备坚韧之心且富有同情心的人才能得到永久的怀念和尊敬。
43	若要做到处变不惊,就必须提前积累能够处理危机的能力。
44	人们有把局部的不如意放大到整体的倾向。
45	晚年决定着人一生的价值。即使是年轻时有缺点的人,只要能够善终,其价值就能得以提升。
46	若不能尽职尽责,则名誉有可能化为污名,尊敬也有可能成为被人轻蔑的源头。
47	有的人不计自己得失,将其视为解决问题的最佳办法,也有的人把自己的得失放在第一位。
48	即使是看起来符合道理的事,也要再三斟酌是否有不合理之处。
49	与实践相结合的学习要贯彻终身,才能达到令人满意的水平。
50	无论贤者还是愚者,出生时几乎一样。而学习则能够导致他们不同的结局。
51	区分可信之人和不可信之人的标准在于其志、言、行三者是否一致。

（续表）

序号	箴言
52	虽然有很多政治家或学者立志将工商业发展壮大，然而这些人并不会也无法成为商人。
53	无论一个人有多么卓越的才能，在面对问题时，若要使其才能得以发挥，就需要勇气的助阵，否则多数成就无法实现。
54	仅仅消极地避免做坏事是不够的，必须积极地行善才能发挥人的价值。
55	世上既有需要三思而后行、十思而百虑之事，又有不可过度思虑、仅需付诸实施之事。
56	即便命运是提前注定的，但如果自己不努力耕耘，也绝对无法把握命运。
57	耐心等待机会也是人生中不可缺少的课题。
58	目标必须伴有理想，实现理想才是人之使命。
59	未经深思熟虑，受到一点社会风气的影响就随意树立志向，开始行动的人并不少，但这样的志向恐怕最终无法实现。
60	因为自己做事无愧于天地，因此无论别人说什么，都不会唉声叹气、指责他人。
61	我要一生贯彻《论语》之精神。
62	人们不是为了吃饭而活着，而是为了活下去而吃饭。

(续表)

序号	箴言
63	我所信奉的主义并非利己主义,而是"公益主义"。
64	即使在事业方面取得了很大的成就,在致富的道路上也难免会成为失败者。
65	人们在死亡之前都无法递交出作为国民的辞呈。只要还活着,就必须为社会事业做贡献。
66	即使没有亲生父母也无须悲叹,虽然他们不在身边,但我涩泽荣一将会成为你们的父母。
67	如果总是依赖他人,自己的实力就会"生锈",最重要的"自信"也无法培养。
68	若要在工作上取得成就,必须亲自动手尝试。
69	如果因为没有工作而苦恼,就应该增加实力吸引工作,而不是向他人抱怨。责任永远在于自己。
70	在学校所学的东西将即刻变成无用之物。
71	理想和空想有时容易混淆,切忌走上空想之歧路。要树立远大的理想,并向着理想勇往直前。
72	比起"志向"之好坏,"行为"之善恶更容易引人注意。
73	尽管老年人没有太多的未来,但他们却积累了丰富的实践经验。

（续表）

序号	箴言
74	在面临"人力无法改变的逆境"时，应委身天命，放低姿态等待即将到来的命运，刻苦勤勉，不被挫折打倒，坚持学习。
75	身处逆境的人要探究其形成原因，区分是"人为造成的逆境"还是"人力无法改变的逆境"。
76	功名心十分重要，但如果错误解读，就有可能成为让人犯错的元凶。功名心必须时常伴随着正确之"道"。
77	人的灾难多在得意时到来。
78	人们的思考如果总是围绕一个方向，就会忽视其他。
79	不可因为今日之顺境而幻想明日依然如是，也不可因为今日之幸福而认为明日仍会幸福。
80	成功或不成功绝不是人类行为的"标准"。人一刻都不应忘记的是行为之善恶。

精进笔记

精进笔记